Trudy Harris

Ein kleines Stückchen Himmel

Wahre Geschichten
voller Trost und Hoffnung

Über die Autorin

Trudy Harris arbeitete als Krankenschwester in einem Hospiz und war Vorsitzende der *Hospice Foundation for Caring* (Stiftung für Palliativpflege). Die Geschichten stammen aus fast drei Jahrzehnten ihrer Tätigkeit als Pflegerin. Mittlerweile ist sie im Ruhestand und lebt mit ihrem Mann in Florida.

Trudy Harris

Ein kleines Stückchen Himmel

Wahre Geschichten
voller Trost und Hoffnung

Aus dem Englischen
übersetzt von Eva-Maria Nietzke.

Gerth Medien

FSC
Mix
Produktgruppe aus vorbildlich
bewirtschafteten Wäldern und
anderen kontrollierten Herkünften

Zert.-Nr. SGS-COC-001940
www.fsc.org

Verlagsgruppe Random House FSC-DEU-0100
Das FSC-zertifizierte Papier *Super Snowbright* für dieses Buch
liefert Hellefoss AS, Hokksund, Norwegen.

Die amerikanische Originalausgabe erschien im Verlag Revell,
a division of Baker Publishing Group
unter dem Titel „Glimpses of Heaven“

1. Auflage 2010
Best.-Nr. 816 407
ISBN: 978-3-86591-407-1
Umschlaggestaltung: Michael Wenserit
Umschlagfoto: Corbis
Satz: Marcellini Media GmbH, Wetzlar
Druck und Verarbeitung: GGP Media GmbH, Pößneck
Printed in Germany

Für alle, die Gott geschickt hat,

um für uns zu sorgen, und die uns

die Lektionen des Lebens gelehrt haben.

Inhalt

Vorwort

Ich sage oft, dass der Himmel ein realer Ort ist. Er ist kein Konzept, keine Idee – er ist wirklich ein realer Ort.

Wer könnte uns das besser vermitteln als die Krankenschwester eines Hospizes, die unzählige Male – durch das Leben und den Tod ihrer Patienten – Einblicke in den Himmel bekommen hat? Trudy Harris hat mit ihrem Herzen und ihren Händen vielen Menschen durch die Abenddämmerung ihres Lebens hindurchgeholfen. Ich bin mir nicht sicher, ob ich die Rolle, die Gott für sie vorgesehen hat, genauso treu und furchtlos ausfüllen könnte wie sie.

Als Hospiz-Krankenschwester hat Trudy Dinge gesehen und gehört, die man mit menschlichen Begriffen nicht erklären kann. In den geistlichen Momenten, die zwischen dem irdischen und dem ewigen Leben liegen, hat sie Gottes Handeln miterlebt.

Vielleicht erfahren Sie Trost in der Geschichte, die vom dreijährigen Zach erzählt, einem kleinen Jungen, der dem Tod mit Liebe und Frieden entgegensah. Oder Sie bekommen eine Ahnung vom Himmel, wenn Sie die Geschichte von Lenora lesen, einer Mutter, die in ihren letzten Momenten gesehen hat, dass ein Engel neben ihrem Bett stand, um sie nach Hause zu bringen. Und vielleicht können Sie ja auch Gottes Güte und Gnade erkennen, wenn Sie lesen, wie ein älterer Mann namens Johnny eine Botschaft von Gott empfing – dem Gott, der ihn erlösen wollte, bevor er seinen letzten Atemzug machte.

Wenn Sie an Gott glauben, wird Ihr Glaube durch die Geschichten in diesem Buch gestärkt und erneuert werden.

Wenn Sie skeptisch oder einfach nur neugierig sind, was passiert, wenn wir sterben, so werden Sie durch diese Geschichten vielleicht zum Nachdenken angeregt. Was auch immer die Erfahrungsberichte in Ihnen auslösen werden: Sie werden einen kleinen Einblick in das bekommen, was uns in den letzten Stunden und Tagen unseres Lebens hier auf der Erde erwartet.

Ich wünsche Ihnen, dass die vorliegende Sammlung von wahren Geschichten über das Lebensende Ihnen Trost, Hoffnung und Frieden für den nächsten Abschnitt Ihrer Lebensreise schenkt. Danke, Trudy, dass du uns alle daran erinnerst, dass der Himmel ein realer Ort ist. Ich werde dein Buch all denen ans Herz legen, die einen geliebten Menschen verloren haben oder demnächst verlieren werden, und auch allen, die mehr über die Wirklichkeit unserer himmlischen Heimat wissen wollen.

Bis wir uns dort wiedersehen,
Don Piper

Einleitung

Vor vielen Jahren besuchte ich mitten in der Nacht einen Patienten bei sich zu Hause, der sich im Endstadium seiner Krankheit befand. Als ich den Raum betrat, lächelte er und zeigte auf das Fenster neben seinem Bett. Er sagte: „An meinem Fenster steht ein Engel, Trudy. Kannst du ihn sehen?“ Mir war völlig klar, dass Pat nur noch wenige Augenblicke, vielleicht eine Stunde blieben, bevor er sterben würde. Er war entspannt und hatte keine Angst, doch er war von Ehrfurcht ergriffen angesichts dessen, was er sah. Ich erklärte ihm, dass Gott alles vorbereitete, um ihn sehr bald nach Hause zu holen, und dass er ihm zuvor eine Vorahnung auf den Himmel schicken wollte. Er lächelte wissend und nickte zustimmend. Er war offenbar mit dieser Idee voll und ganz im Einklang. Da er allein lebte, versprach ich ihm, so lange bei ihm zu bleiben, bis der Engel, der über ihn wachte, ihn sicher nach Hause tragen würde. Ich saß auf dem Boden neben seinem Bett und hielt seine Hand etwas weniger als eine Stunde lang, bis er starb.

Viele Jahre lang haben Angehörige, Freunde und Patienten, mit denen ich zu tun hatte, ihre ganz persönlichen Erfahrungen mit dem Sterben mit mir geteilt. Ihre Erfahrungen sind so vielfältig und einzigartig wie die Menschen selbst, und wurden mir mit einer solchen Offenheit und einem solchen Vertrauen erzählt, was beides nur damit erklärt werden kann, dass die Sterbenden ahnten, dass ihnen die Heimreise zu Gott unmittelbar bevorstand. Gott spricht den Geist eines Menschen, den er auf sein Zuhause bei ihm vorbereiten will, in einer Weise an, die nur ihm zu eigen ist. Einem Sterbenden braucht man nicht zu sagen, dass er im Sterben liegt. Er hört und erkennt Gottes Stimme. Er hat „geistliche Augen und Ohren" entwickelt und sieht und versteht Dinge offenbar auf eine Art und Weise, die uns fremd ist. Jede Erfahrung des Sterbens ist letztlich individuell, doch es gibt ein erkennbares Muster, das die letzten Momente des Lebens erfasst: die Erfahrung von Erleuchtung, Liebe und Annahme. Sterbende geben uns einen Einblick in eine Welt, die bisher niemand von uns gesehen hat – bis wir sie eines Tages selbst sehen werden. Jeder einzelne Sterbende scheint genau das zu bekommen, genau das zu sehen oder zu hören, was er braucht, um friedlich zu sterben.

Wenn der Körper immer mehr verfällt, tritt das geistliche Selbst eines Menschen hervor und streckt sich spürbar nach jemandem oder etwas aus, der beziehungsweise das größer ist als es selbst. Dieser Prozess stellt sich offenbar bei einem sterbenden Menschen ganz natürlich ein. Die Art und Weise dieses Prozesses kann aber bei jedem unterschiedlich aussehen. Menschen, die im Sterben liegen, teilen ihre Erfahrungen sehr großzügig mit, wenn sie spüren, dass man ihnen zuhört. Sie sprechen über das, was sie erleben, und wollen dem, der sie begleitet, offenbar verstehen helfen, dass eigentlich alles ganz einfach ist.

Unser Körper, diese „vorübergehende Behausung", verändert sich, und niemand weiß das besser als ein Sterbender. Wenn man still neben ihm sitzt und sowohl für seine Fragen als auch für seine Einsichten ein offenes Ohr hat, dann lädt er uns ein, ihn bei diesem Ehrfurcht gebietenden Schritt am Ende der Lebensreise zu begleiten. Es gibt nichts mehr zu verbergen, nichts zu gewinnen, nichts zu beweisen oder zu verlieren, sodass der Austausch mit ihm völlig unbelastet ist. Wenn man diese erstaunlichen, gesegneten Augenblicke erlebt, wird man dadurch selbst innerlich wachsen.

Sterbende berichten immer wieder, dass ihnen Menschen erscheinen, die vor ihnen gestorben sind, sie erzählen von Engeln, wunderschöner Musik und trostreichen Erfahrungen. All das, was ein Mensch mir an seinem Lebensende mitgeteilt hat, bleibt zurück und lädt mich zum Nachdenken ein; es bildet sozusagen eine Plattform für mein eigenes Leben. Dieses Buch versucht nicht, zu definieren oder zu interpretieren, was Sterbende sehen und hören. Die Geschichten zeichnen vielmehr ein Porträt dessen, worauf wir uns möglicherweise einstellen sollten, wenn unsere Zeit kommt, und es entmystifiziert den Tod auf eine Weise, die nur durch Berichte aus erster Hand möglich wird.

Als sterbende Patienten oder Freunde sagten, „Heute ist mein Tag“ oder „Ich habe meinen Namen auf der Liste gesehen“ oder „Ich habe sie meinen Namen rufen hören“ oder auch, „Mein Sohn ist jetzt bei mir; er sagte, es sei Zeit zu gehen“, so habe ich anfangs einfach nicht verstanden, was sie damit sagen wollten. Andere Patienten erzählten, sie hätten Engel in ihrem Zimmer gesehen, seien von geliebten Verstorbenen besucht worden, hörten wunderschöne Chöre oder röchen liebliche Blumendüfte, obwohl gar keine Blumen in der Nähe waren. In solchen Fällen nahm ich an, das sei auf die Medikamente oder auf die Dehydratisierung (Folgen des Flüssigkeitsmangels) zurückzuführen. Solche Sinneseindrücke konnten meiner

Meinung nach nicht wirklich sein. Doch als andere Sterbende, die keine Medikamente nahmen und nicht an Dehydratisierung litten, die gleichen Dinge erzählten, begann ich zuzuhören, wirklich zuzuhören.

Wenn meine Patienten von Engeln sprachen – und das taten sehr viele –, wurden diese Engel immer als unvorstellbar schön beschrieben, etwa acht Fuß groß, männlich aussehend und in ein unbeschreibliches Weiß gekleidet. „Strahlend" war das Wort, das immer wieder verwendet wurde. Wenn die Menschen die Musik beschrieben, die sie hörten, dann versuchten sie zu vermitteln, dass diese Klänge jede bis dahin gehörte Musik an Schönheit überstiegen. Und immer wieder berichteten Sterbende auch von Farben, die unbeschreiblich seien.

Ich glaube, dass ein Mensch nicht in genau dem Moment stirbt, den wir als Todeszeitpunkt festhalten. Auf unerklärliche Weise, die wir bisher noch nicht erfassen können, scheinen sie zwischen dieser und der himmlischen Welt hin- und herzupendeln und die Eindrücke zu erhalten, die Gott ihnen schenken möchte. Sie befinden sich auf ihrer letzten Reise, die sie zu ihrem Vater, der sie geschaffen hat, zurückführt.

Befreundete Mediziner und Krankenpfleger haben mir oft gesagt, dass es jedem, der im Bereich der Medizin arbeitet, einen großen Trost bietet, wenn man sterbenden Patienten zuhört und versucht, ihre Erfahrungen zu verstehen. Diejenigen, die sich die Zeit genommen haben, einen todkranken Patienten beim Sterben zu begleiten, gelangen auf ganz neue Weise zu der Erkenntnis, dass es einen göttlichen Arzt gibt und dass nur er den Zeitplan unseres Lebens kennt und bestimmt.

Ein Patient, der flach auf dem Rücken lag und vor dem Sterben Angst hatte, bat mich, ihn während des Sterbens in einer sitzenden Position aufrecht zu halten. Einige Augenblicke, bevor er seinen letzten Atemzug tat, sagte er: „Trudy, es gibt keine Zeit. Sterben ist so, als ob man vom Schlafzimmer ins Wohnzimmer ginge, es gibt keinen Anfang und kein Ende." Er sagte dies, während ich meine Armbanduhr ansah und törichterweise seine Atemzüge zählte. Er lächelte sehr nachsichtig, als er diese Worte sagte. Dann schloss er seine Augen und starb.

Wenn man die Perspektive eines Patienten einnimmt, der nur wenige Augenblicke von seiner Ankunft in den Himmel entfernt ist, dann eröffnen sich uns so viele Möglichkeiten, ganz neu zu denken und zu verstehen. Es gibt so viele wichtige Lektionen, die uns Sterbende in ihren letzten Momenten vermitteln wollen. Wir sollten ihnen zuhören. Denn in solchen Momenten befinden wir uns auf heiligem Boden, und wir sollten keinen dieser Momente verpassen.

Trudy Harris

Die Namen, Krankheitsbilder und Geschichten der Personen, die hier erwähnt werden, wurden abgeändert, um die Privatsphäre meiner Patienten zu schützen. Nur in den Fällen, in denen mich die Angehörigen gebeten haben, die wirklichen Namen ihrer Lieben zu verwenden, habe ich das getan.

Papa

„Martin sagte, es sei Zeit zu gehen."

Mein Vater war Ire, ein groß gewachsener und sehr liebevoller Mensch. Als er achtundsechzig war, sagte er eines Tages zu mir: „Warte nicht zu lange, komm bald zu mir. Ich habe nicht mehr lange zu leben." Ich hatte ihn vom Strand in South Carolina aus, wo wir unseren Familienurlaub verbrachten, angerufen.

Es war der Vatertag im Juni 1973. Mein Vater hatte sich eine Rippe gebrochen, als er sich bückte, um etwas vom Boden aufzuheben. Er hatte große Schmerzen dabei und wusste nicht, wo sie herkamen. In den nächsten vier Wochen wurde bei verschiedenen Untersuchungen ein multiples Myelom festgestellt, das sich bereits bis zu den Knochen ausgebreitet hatte. Bei der Computeraxialtomografie wurde außerdem ein großer Tumor an der linken Niere diagnostiziert. Die Ärzte sagten, Papa hätte kein Jahr mehr zu leben, und ohne Behandlung würde ihm noch viel weniger Zeit bleiben und es bestünde außerdem das Risiko, innerlich zu verbluten. Die Zeit war knapp, und niemand wusste das besser als mein Vater.

Papa war ein wundervoller Vater gewesen. Wir, seine vier Töchter, waren nun abwechselnd da, um die Eltern zu unterstützen. Papa war ein Mensch, der das Leben liebte, viel irischen Humor hatte und meine Mutter grenzenlos liebte. Sie war das Wichtigste in seinem Leben – so war es immer gewesen und so würde es immer bleiben. Selbst jetzt, da er im Sterben lag, war sie der Mittelpunkt seines Universums.

Eines Tages, als vier Ärzte um sein Bett herumstanden und verschiedene Behandlungsmöglichkeiten diskutierten, wandte er sich zu mir und fragte: „Können sie mich gesund machen, Schatz?"

„Nein, Papa", sagte ich. „Ich glaube nicht."

„Dann nimm mich mit nach Hause", sagte er mit solcher Autorität, dass niemand an seinem Willen zweifeln konnte. Und genauso machten wir es.

Papa hat sein Leben lang immer viel geredet, und er liebte es, seine Ideen und Gedanken mitzuteilen und die der anderen anzuhören. Als Gewerkschaftsfunktionär und Verhandlungsführer, der in New York City gearbeitet hatte, konnte er stets alle Seiten einer Diskussion sehen, und liebte es, Menschen und ihre Ideen zusammenzubringen. Er dachte oft über Geschäftsfreunde, Bekannte und Kollegen nach, die kein so glückliches Leben geführt hatten wie er. Manchmal wunderte er sich lachend darüber, dass einige Leute offenbar das Glück hatten, in der Theaterloge zu sitzen, während er sich auf der unüberdachten Tribüne befand. Er verurteilte andere nie, doch er hatte viel Humor.

Gern erzählte er das Gleichnis vom Landbesitzer im Neuen Testament, der zu verschiedenen Zeiten des Tages Arbeiter für seinen Weinberg einstellte und ihnen allen am Abend den gleichen Lohn auszahlte. Als Gewerkschaftsfunktionär, dem es stets um gerechte Bezahlung für die geleistete Arbeit ging, meinte er, eine gute Gewerkschaft hätte für die Arbeiter ganz sicher verschieden hohe Löhne ausgehandelt. Natürlich sagte er das im Scherz, denn er vertraute darauf, dass Jesus in seiner grenzenlosen Gnade das Richtige tat. Papas ständiges Reflektieren legte den Grundstein dafür, dass auch wir tiefer über die Dinge im Leben nachdachten. Seine unnachahmliche Art, Geschichten zu erzählen, prägte uns sehr tief und formte unseren Charakter.

Eines Morgens, wenige Tage vor seinem Tod – ich rasierte ihn gerade – sah er in den Spiegel und sagte: „Ich sehe gar nicht so aus, als ob ich sterben würde, nicht wahr, Schatz?"

„Nein, Papa, so siehst du wirklich nicht aus", antwortete ich.

„Weißt du, es macht mir nichts aus zu sterben. Ich bin bereit. Schlimm ist nur, dass ich Mama zurücklassen muss. Sorge dafür, dass ihr nie jemand etwas Böses zufügt, okay? Sie ist einfach zu gut, um verletzt oder traurig gemacht zu werden." Papa hatte sich immer um andere Sorgen gemacht: um diejenigen, die verletzlich waren, die weniger Glück im Leben hatten, die allein waren und Hilfe brauchten. Deshalb wollte er jetzt absolut sichergehen, dass die große Liebe seines Lebens auch weiterhin beschützt und behütet würde. Es sah ihm so ähnlich.

In jenem Moment war mir nicht ganz bewusst, dass Papa mit mir gerade über seinen unmittelbar bevorstehenden Tod sprach. Seine Zeit rückte näher, und wie alle Menschen, die sich im Übergang zu einem neuen Leben, das wir Tod nennen, befinden, wusste und fühlte er das. Niemand brauchte es ihm zu sagen. Gott selbst bereitete ihn vor. Der Heilige Geist, den Papa sein Leben lang für Leitung und Weisung in Anspruch genommen hatte, spielte auch jetzt, im Angesicht des Todes, die entscheidende Rolle. Er war offenbar völlig im Frieden mit seiner Situation, so, als ob er mit einem alten Freund zusammen wäre, der ihn gut verstand und in dessen Gegenwart er sich sehr wohl fühlte. Ich beobachtete das mit Ehrfurcht.

„Es gab Momente, in denen mir dein Verhalten gar nicht passte", sagte ich ihm eines Tages, als wir beide allein waren. „Aber ich habe dich immer geliebt. Ich habe dich besonders geliebt, wenn du dich mir widersetzt hast, standhaft warst und mir die Wahrheit gesagt hast, ob ich sie hören wollte oder nicht."

„Manches hat dir nicht gepasst, weil du mir sehr ähnlich warst", antwortete er mit einem breiten Lächeln. Wir sind oft aneinandergeraten, weil wir uns so ähnlich sind, aber letztlich sind wir doch zum gleichen Ergebnis gekommen, wenn auch zu unterschiedlichen Zeitpunkten und auf unterschiedliche Weise. „Du weißt immer, was ich brauche, noch bevor ich dich darum bitten kann", flüsterte er, als ich sein Kissen wechselte.

Was für ein guter und wahrhaftiger Mann er ist, dachte ich. Es könnte nicht besser sein. Mein Vater verlässt uns, um zu Gott zu gehen, den er stets geliebt und dem er sein Leben lang gefolgt ist, und zwar mit der gleichen Überzeugung, dem gleichen Vertrauen und dem Frieden, den er mir sein Leben lang vorgelebt hat …

Als ich das Zimmer verließ, kam Maggie an die Reihe, um mit Papa allein zu sein. Sie war die „Kleine", die er immer beschützen wollte, und vom Charakter her eher ein Lausbube. Als Kind musste sie immer wieder ihre Grenzen austesten und Papa hat ihr oft aus der Patsche helfen müssen.

Am Tage seines Todes begrüßte Papa sie morgens mit den Worten: „Maggie, Martin hat gesagt, es sei Zeit zu gehen." Mit Martin war Papa mehr als vierzig Jahre befreundet gewesen, bis dieser knapp ein Jahr vor seinem eigenen Tod starb. Papa war ganz friedvoll, als er Maggie davon erzählte, dass er Martin gesehen habe. Er sagte das so ruhig, als sei es das Selbstverständlichste von der Welt. Er ließ meine Schwester wissen, dass er nun bereit war zu sterben.

Papa hat sein Leben lang immer zuerst an andere gedacht; und selbst in seinen letzten Momenten tat er das, indem er darauf achtete, dass wir uns wohlfühlten. Das Wohlergehen der anderen war für ihn immer das Wichtigste. Die Lektionen, die er mir in der letzten Phase seines Lebens beibrachte, haben mich darauf vorbereitet, später den Bedürfnissen Sterbender in der Palliativpflege so zu begegnen, wie es mir sonst nicht möglich gewesen wäre. Die Sanftheit und Natürlichkeit seines Sterbens hat den Tod für mich entmystifiziert und mir die Freundlichkeit Gottes gezeigt – der die Seele seiner Kinder darauf vorbereitet, zu ihm nach Hause zu kommen.

Es war nur sechs Wochen nach der Diagnose seiner Krankheit. Papa lag neben meiner Mutter im Bett, ganz ruhig. Dann drehte er sich zu ihr um und sagte: „Ich liebe dich, Peggy", atmete ein letztes Mal tief durch und reiste dann von dieser Welt in eine andere. Bis zu seinem letzten Atemzug war er mit der Liebe seines Lebens zusammen, und obwohl sein Tod uns alle sehr traurig machte, war dieses Erleben etwas Sanftes und Natürliches. Sein Sterben wurde von einem Glauben getragen, der durch die Höhen und Tiefen des geistlichen Wachstums gegangen war.

Papa vertraute in allem auf Gottes Führung und konnte sich nun ganz einfach dem Gott überlassen, den er so gut kannte und dem er völlig vertraute. Er hat uns durch sein Leben viel beigebracht, und vielleicht sogar noch mehr, als er starb. Er war ein unvergesslicher Mensch.

Mary Anne

„Warum hat Gott mich länger leben lassen, als die Ärzte vorausgesagt haben?"

Mary Anne, eine vermögende Investitionsmaklerin, eine verheiratete Frau ohne Kinder, klopfte eines Tages an meine Tür. Sie lebte in einer Welt des Reichtums und der Country Clubs – einer Welt, die sich ganz erheblich von meiner eigenen Welt unterschied. „Ich habe gehört, dass dein Vater vor Kurzem verstorben ist", sagte sie, als sie sich an jenem frühen Morgen in mein Wohnzimmer setzte. „Ich wusste nicht, was ich dir mitbringen sollte", gestand sie und übergab mir einen blechernen Türklopfer, der in Seidenpapier eingewickelt war. An jenem Tag passte mir Mary Annes Gegenwart überhaupt nicht. Ich begriff nicht, was dieses Geschenk sollte, und ich wollte es auch nicht begreifen. Erst später wurde mir die Symbolik des „an die Tür Klopfens" bewusst.

Ich gebe zu: Ich mochte Mary Anne zu dem Zeitpunkt nicht besonders. Sie war eine starke, forsche Geschäftsfrau, und ich war davon überzeugt, dass wir nichts gemeinsam hatten. Was machte sie also hier?

„Ich würde gern etwas über den Tod deines Vaters erfahren", sagte sie. „Wie es war und was er sagte. Und wie er gestorben ist. Ich möchte alles darüber wissen."

Ich fühlte mich angesichts dieser aufdringlichen Fragen

sehr unwohl und spürte Ärger in mir hochkommen. Gleichzeitig aber ahnte ich tief in meinem Innern, dass sich hier etwas entwickeln würde, was ich jetzt noch nicht verstand. Was dies war, wusste ich noch nicht, doch mir war klar, dass Gott mit Mary Anne und mir einen Plan hatte, und er nahm hier offenbar seinen Anfang. Ich brauche wohl nicht zu erwähnen, dass wir über eine bestimmte Zeitspanne und ohne, dass ich es bewusst so gestaltet hätte, sehr gute Freunde wurden. Gott brachte jedem von uns das bei, was wir voneinander lernen sollten.

Mary Anne kam oft zu Besuch und stellte Fragen über das Leben, seine Bedeutung und seinen Sinn. Sie stellte mir Fragen über Gott und Jesus. „Wo steht das geschrieben? Woher weißt du das?“ Mary Anne hatte einen unstillbaren Durst und sprudelte fast über vor Fragen. Sie wollte so viel wissen, und sie hatte es offenbar eilig.

Eines Tages erzählte sie mir bei einem Besuch, dass sie an inoperablem Krebs erkrankt sei. Sie hatte die Diagnose nur wenige Tage vor dem Tod meines Vaters erfahren. Sie wollte nun in der Nähe eines Menschen sein, der den Tod aus unmittelbarer Nähe miterlebt hatte, und wissen, was beim Sterben passiert und warum. Die Geschäftsfrau in ihr wollte eine sorgfältige Übersicht haben und so viel wie möglich verstehen. Gottes unsichtbare Hand brachte sie nun mit Menschen zusammen, die bereit waren, diese Wegstrecke mit ihr zu gehen, ihren Kampf zu erleben, von ihr zu lernen und für sie da zu sein – und sie zu begleiten, als sie schließlich Gott fand. Ehrfürchtig und staunend nahm ich daran teil.

Mary Annes Diagnose lautete: unheilbar. Der Krebs, der zuerst in ihrer Brust gefunden wurde, hatte schnell auf beide Lungenflügel und die Brustwand gestreut. Die Ärzte gaben ihr drei bis vier Monate. Sie lebte noch zweieinhalb Jahre. Was für eine aufregende, von Suchen erfüllte, fröhliche und zugleich schwierige Zeit war das! Von Anfang an war mir klar, dass Gott Mary Anne liebte und sie für sich gewinnen wollte. So begann ihre lange, wundervolle Reise. Wenn ich sie besuchte, hatte ich den Eindruck, ein Heiligtum zu betreten. Am liebsten hätte ich die Schuhe ausgezogen, weil es mir so vorkam, als stünde ich auf heiligem Boden. Die Gegenwart der Gnade war auf Mary Annes Weg zu Gott stets spürbar, und sie machte so viele, viele Erfahrungen mit ihm.

Mein Gebet für Mary Anne während dieser vielen Monate lautete: „Herr, nimm sie in deine Arme, umgib sie mit deiner zärtlichen, liebevollen Fürsorge und lass sie wissen, dass sie bei dir geborgen ist.“ Bei einem meiner Besuche beschrieb sie mir die erste von vielen geistlichen Erfahrungen, die sie noch machen sollte. „Ich konnte nicht schlafen“, sagte sie ohne Umschweife. „Ich lag wach, und jemand kam hier zu mir ins Zimmer. Er nahm mich in seine Arme, und ich fühlte mich warm und geborgen.“

„Das war Jesus“, sagte ich.

„Nein, Trudy, das warst du“, sagte sie mit einem zauberhaften Lächeln.

Was hatte das zu bedeuten? Ich kam ins Grübeln. Kann es sein, dass Gott seine Kinder durch zerbrechliche Gefäße wie uns besucht? Wie ist es möglich, dass Gott unsere Gebete auf so vertrauliche und unzweifelhafte Art beantwortet? Er klopft uns gewissermaßen auf die Schulter und sagt: „Erkennst du mich?“ Für mich war es das erste von unzähligen Malen, dass Gott mir die Möglichkeit gab zu sehen, wie er seine Kinder, die er zu sich nach Hause führt, liebevoll und vertraulich berührt.

Mary Anne fragte mich, ob ich einen Freund, möglicherweise einen Priester kenne, der sie besuchen könnte. Ich sagte Ja. Wir hatten zwar oft über Gott gesprochen, und darüber, welchen Platz er in unserem Leben einnehmen wollte, doch wir hatten bisher nie konkret über die Kirche oder die Religion geredet. Daher war ich überrascht, aber auch sehr froh über ihre Frage. Ich bat einen wundervollen jungen Mann, der gerade frisch zum Priester geweiht worden war, darum, Mary Anne zu Hause zu besuchen. Er freute sich sehr über diese Anfrage. Und so saß er oft mit ihr auf ihrem breiten Doppelbett und sprach mit ihr über das, was er von Gott erkannt hatte, über Gottes große Gnade und Liebe. Ich weiß nicht, wer von beiden mehr von diesen Gesprächen profitierte – beide genossen offensichtlich diesen Austausch und bezeugten, wie sehr sie Gottes Gnade in ihrer Mitte spürten. Oft unterhielten sie sich bis spät in die Nacht. *Wer war der Gebende, wer der Empfangende*?, fragte ich mich immer wieder. Es war ein großes Vorrecht für mich, die Entwicklung dieser besonderen Beziehung zu beobachten.

Gott liebt jedes seiner Kinder mit einer tiefen Liebe und wünscht sich, dass sie ihn kennen. Sein Wunsch ist, dass sie Frieden finden und zu ihm nach Hause kommen, wenn er sie ruft. Es ist beeindruckend zu sehen, wie weit er geht, um dieses Ziel zu erreichen. Er gibt uns genug Zeit und benutzt unseren Alltag und unsere Begabungen, um ihn zu finden. Mary Anne verfügte über große Neugier und Entschiedenheit, was ihr im Geschäftsleben zum Vorteil gewesen war. Gott half ihr nun, diese Gaben dafür einzusetzen, ihn zu suchen und zu finden. Was für ein fantastischer, liebevoller Gott steht uns alle Tage unseres Lebens zur Seite!

Eines Tages fragte mich Mary Anne, warum Gott sie viel länger auf dieser Erde gelassen hatte, als die Ärzte vorausgesagt hatten. Ich sagte, dass Gott ihr wahrscheinlich genug Zeit geben wollte, um ihn finden zu können. „Hast du ihn denn nun gefunden, Mary Anne?", fragte ich eines Abends. „Oh ja", erwiderte sie mit der gleichen Überzeugung, die sie ihr Leben lang als Geschäftsfrau an den Tag gelegt hatte – mit dem Unterschied, dass nun Ruhe und Zufriedenheit auf ihrem Gesicht zu lesen waren.

Mehr als zweieinhalb Jahre waren nun vergangen, seit Mary Anne mich zum ersten Mal besucht hatte. Es war Heiligabend, und Gottes Gegenwart und seine kostbare Liebe zu Mary Anne spiegelten sich im Gesang einiger Kinder wider, die vor ihrem Schlafzimmerfenster im Schnee standen und „Stille Nacht" sangen. Sie klangen wie Engel, die direkt aus dem Himmel kamen, und Mary Anne wurde an jenem Abend von dem jungen Priester getauft, den sie so sehr schätzen gelernt hatte. Einmal mehr besuchte Gott sie in Gestalt eines Menschen, den er geschickt hatte, um sie zu ermutigen und auf dem Weg nach Hause in die Ewigkeit zu begleiten. Sie starb friedlich in den ersten Stunden des ersten Weihnachtstages.

Großvater

„Wer ist der Mann,
der dort am Wasser steht?"

Als meine Großeltern anriefen, klangen ihre Stimmen sehr traurig und besorgt. Die Ärzte hatten bei Großvater Bauchspeicheldrüsenkrebs festgestellt, der bereits in die Leber gestreut hatte. Wir liebten meine Großeltern sehr und hätten alles nur Erdenkliche getan, um ihnen diese schwere Zeit erträglicher zu machen. Großvater sagte, er wollte in dieser letzten Lebensphase mit seinem einzigen Sohn und seinen Enkeln zusammen sein. „Können Großmutter und ich kommen und bei euch wohnen?", fragte er. „Natürlich", sagten wir, wobei wir keine Ahnung hatten, wie wir die Sache managen sollten. Ich hatte zwar zu dem Zeitpunkt bereits fünfundzwanzig Jahre in der Krankenpflege gearbeitet, doch noch nie hatte ich einen Sterbenden bei uns zu Hause gepflegt. Unsere Bekanntschaft mit Paul Brenner, der in unserer Stadt ein Hospiz gegründet hatte, und der wundervollen Krankenschwester Dottie Dorion, die sich um uns alle kümmerte, machte diese ganz neue Erfahrung möglich.

Unsere Großeltern zogen ins Elternschlafzimmer, in dem das große Doppelbett und der Lehnstuhl vor dem Fenster standen, von dem aus man über den See schauen konnte. Sie fühlten sich bei uns zu Hause – nicht, weil es ihr Haus war, sondern weil „zu Hause“ dort ist, wo unser Herz wohnt.

Viele Male aßen wir mit der ganzen Familie Spaghetti, Brathähnchen und Eiscreme. Freunde kamen vorbei, um mit uns zu singen – ausgerüstet mit Gitarre und manchmal auch mit etwas schiefen Tönen. Andere kamen um mit Großvater zu beten, seine Hand zu halten, oder einfach nur still dazusitzen und aus dem Fenster zu schauen, während Großmutter die Zeit nutzte, um ihre Haare zu waschen. Dann schaute Großvater auf die Versammlung vor seinem Bett und sagte: „Ja, genau so soll es sein.“ Er war zu Hause, umgeben von seiner Familie, die ihn liebte. So hatte er sein ganzes Leben gelebt: einfach, unkompliziert, still und beständig. Er sprach nie über seine Krankheit oder darüber, dass er sterben würde. Das hätte nicht zu ihm gepasst. Es genügte ihm, dass er geborgen war und dass man für ihn sorgte. Er hatte keine Angst.

Eines Tages besuchte Vater Seamus O’Flynn, ein neuer Priester unseres Pfarrbezirks, meine Großeltern im Schlafzimmer. Er sprach auf seine übliche sanfte und freundliche Art mit ihnen, und half ihnen zu verstehen, dass der Zeitpunkt nahte, an dem Großvater Gott begegnen würde. Während er sprach, nahm Großvater schweigend seinen Ehering vom Finger und legte ihn sanft in Großmutters Hand, des wunderschönen Mädchens, das er vierundvierzig Jahre zuvor geheiratet hatte. Sie war seine Lebensbegleiterin, seine liebevolle Ehefrau und diejenige, die sich in so manchen Schwierigkeiten und Krankheiten während ihres gemeinsamen Lebens um ihn gekümmert hatte. Sie war die Person, an die er sich wandte, wenn dunkle, angstvolle Tage kamen, und die immer für ein behagliches Heim und eine leckere Mahlzeit gesorgt hatte. Er fand Trost und Aufmunterung in ihren oft wiederholten Worten „Auch das geht vorbei“, auch wenn er es im jeweiligen Moment nicht wirklich glaubte. Nun begann er, sich ganz allmählich, still und wortlos von ihr zu trennen – so wie sie immer miteinander kommuniziert hatten. Sie kannten sich so gut und hatten so viel miteinander erlebt, dass manche Dinge keiner Worte bedurften.

An einem Sonntagnachmittag saß sein Sohn George bei ihm im Schlafzimmer. „Würdest du wohl diese Namen, Telefonnummern und Adressen nehmen“, sagte Großvater und verlas sämtliche Namen seiner Freunde und Kollegen der Firma Horn & Hardart in New York, in der er vierzig Jahre lang gearbeitet hatte. „Bitte ruf sie an“, sagte er. „Sag ihnen, wie es um mich steht.“ George verließ den Raum mit der Telefonliste, auf der die wichtigsten Leute aus Großvaters Berufsleben standen, und begann sie nacheinander anzurufen. Großvater wusste, dass er George diese wichtige Aufgabe anvertrauen konnte und dass er alles so machen würde, wie er es gern hätte. Als George zurückkam, wollte Großvater wissen, was jeder Einzelne von ihnen gesagt hatte, und ob alle verstanden hätten, worum es ging. Er erinnerte sich mit viel Humor an die guten alten Tage und die vierzig Jahre Zusammenarbeit mit ihnen. George erzählte ihm von jedem einzelnen Gespräch und versicherte ihm, dass seine ehemaligen Kollegen alle gesagt hatten, dass er eine wichtige Rolle in ihrem Leben gespielt habe und dass sie ihn sehr gern hatten. Es war wichtig für Großvater zu wissen, dass diese Menschen sich auch jetzt um ihn Gedanken machten. Dies war ein wichtiger Schritt auf seinem Weg; er begann, sich zu verabschieden.

Großvater wurde in den nächsten Wochen mit viel Liebe umsorgt. Freunde kamen vorbei und brachten häufig leckere Sachen mit, sangen Lieder und erzählten Geschichten. Sein Cousin Joe, der für ihn wie ein Bruder war, ließ die Gartenfeste, die in unserem Familienleben eine sehr große Rolle gespielt hatten, in der Erinnerung wieder aufleben. Seine Nichte Sandra, die bei ihm aufgewachsen war, sagte ihm, wie viel es ihr bedeutet hatte, im Alter von vierzehn Jahren, nach dem Tod ihrer Mutter, bei ihm und Großmutter aufgenommen worden zu sein, und wie sehr sie ihn liebte.

Großvater war nicht in eine Kirche „hineingeboren" worden, sondern erst später zum Glauben gekommen. Er lebte seinen Glauben wie alles in seinem Leben: ohne viel Trara und Aufhebens. Seine Tochter Janet war nun auch bei ihm, und es war offensichtlich, dass sie meinen Großeltern Tag für Tag durch ihre Art und das, was sie für sie tat, ein Halt und Trost war. Ihre Gespräche mit Großvater, die von Gott und seiner Liebe zu uns handelten, bezeichneten wir gern augenzwinkernd als „Jesus-Crashkurs". Oft wandte er sich an Großmutter und sagte: „Glaubst du das alles, Mutter? Nun, dann glaube ich es auch."

Sein Zustand verschlechterte sich nun rapide, und er liebte es, Tag für Tag im Lehnstuhl vor dem Fenster zu sitzen und über den See zu blicken. Am Abend vor Großvaters Tod kam Vater Dan Logan zu Besuch. Wir brauchten ihn in genau diesem Moment, denn Großvater hatte uns gesagt, dass er aufstehen wollte, und wir schafften es nicht allein, ihm aus dem Bett zu helfen. Vater Logan hob Großvater aus dem Bett und half ihm in seinen Lieblingssessel. Er tat das sehr behutsam und ohne ihm wehzutun. Später wurde uns klar, dass Großvater in jenen Tagen spürte, dass es mit ihm zu Ende ging, und er wollte einfach nicht in einem Bett sterben. So war er eben.

„Wer ist der Mann, der dort am See steht?“, fragte er und zeigte aus dem Fenster.

„Das ist die Trauerweide“, sagte ich.

„Den Baum sehe ich wohl“, sagte er lächelnd. „Ich meine den Mann, der unter dem Baum am Seeufer steht. Wer ist das?“

Ich sah hinaus, doch ich konnte niemanden entdecken.

Als ich an jenem Abend meinen jüngsten Sohn Ken ins Bett brachte, erzählte ich ihm, was Großvater gesagt hatte.

„Glaubst du, er hat Jesus gesehen?“, fragte er.

„Ich weiß es nicht“, sagte ich.

Später am selben Abend, als wir Großvater für die Nacht fertig machten, sagte ich: „Ken möchte wissen, ob du heute Abend Jesus unter dem Baum gesehen hast.“

„Ja, meine Liebe, so ist es“, antwortete er. Er sprach mit solcher Überzeugung, so selbstverständlich, wie ich es oft bei Sterbenden erlebt und mit der Zeit zu akzeptieren gelernt habe. Menschen haben in den letzten Tagen ihres Lebens offenbar geistliche Augen und Ohren und verstehen Dinge, die wir nicht verstehen.

Großvater starb in dieser Nacht in seinem Lehnstuhl, in dem er über den See schauen konnte und von wo aus er Jesus gesehen hatte. Die ganze Zeit über war die Familie an seiner Seite. Als er seinen letzten Atemzug tat – und wir wussten, dass es sein letzter war – legten sich seine Frau, sein Sohn, seine Tochter und ich in das große Doppelbett und schliefen ein. Wir fanden das irgendwie tröstlich. Es war drei Uhr morgens.

Ich erwähne diese Uhrzeit deshalb, weil seine Pflegerin Dottie, die wir am Morgen um sieben Uhr anriefen, sagte: „George starb um drei Uhr heute früh, nicht wahr?“ Als wir fragen, woher sie das wusste, sagte sie, sie wäre um drei Uhr aufgewacht und hätte eine Stimme gehört: „Ich bin gekommen, um meinen Diener George zu mir zu holen.“ Zu Beginn meiner Tätigkeit als Pflegerin sterbender Patienten habe ich über solche Dinge nur gelächelt und sie nicht wirklich ernst genommen. Doch durch die über dreißigjährige Tätigkeit in der Palliativpflege habe ich inzwischen gelernt, dass solche Erlebnisse genau so real sind wie alles andere, was wir im Leben erfahren.

Großvater war ein friedvoller und freundlicher Mensch, der seine Familie sehr liebte. Das Leben war eine einfache Sache für ihn – genau wie das Sterben. Gott begegnete ihm im Leben und im Sterben auf wundervolle Weise.

Frank

*„Mein Sohn ist jetzt hier bei mir;
er sagte, es sei Zeit zu gehen."*

Frank war achtundsechzig Jahre alt und lag mit inoperablem Lungenkrebs im Sterben. Er hatte ein erfülltes, arbeitsreiches Leben und eine lange, glückliche Ehe mit seiner Frau Jenny geführt. Die Krebsdiagnose kam für ihn und seine Familie wie aus heiterem Himmel. Er sah gut aus und fühlte sich auch so – seine Krankheit wurde bei einer Untersuchung eher zufällig festgestellt. Er war traurig darüber, dass er seine Frau so bald würde verlassen müssen, doch er war von Natur aus ein ziemlich gelassener Mensch. Sowohl er als auch seine Frau akzeptierten seine Krankheit und strahlten eine ungewöhnliche Ruhe aus. Ich nahm an, dass sie dem Tod schon einmal auf andere Weise begegnet waren, doch ich wusste nichts Konkretes darüber.

Als ich Frank einige Wochen nach seiner Diagnose besuchte, sagte er ganz selbstverständlich: „Mein Sohn John ist jetzt hier bei mir. Er sagte, es sei Zeit zu gehen. Können Sie ihn sehen? Er sitzt dort drüben auf dem Stuhl. Er macht mir ein Zeichen, dass ich mit ihm gehen soll." Ich hatte inzwischen erfahren, dass sein einziger Sohn John vor vielen Jahren in Vietnam gefallen war. Und nun saß Frank aufrecht in seinem Bett – er sah ganz und gar nicht wie ein Sterbender aus – und sah seinen Sohn und freute sich über dessen Anwesenheit. Ich sagte, dass ich ihn nicht sehen konnte, und bat ihn, mir sein Aussehen zu beschreiben. Frank erzählte, John sehe in seiner Uniform ganz wundervoll aus, jung und schön, so wie er immer gewesen war. Er forderte ihn jetzt offenbar auf, loszulassen und mit ihm zu kommen. Frank hatte eine sehr warmherzige und enge Beziehung zu seinem einzigen Sohn gehabt, und nun schien er überhaupt keine Angst zu haben, dieses Leben, wie er es kannte, hinter sich zu lassen. Es war erstaunlich zu sehen, wie sehr er sich darauf freute, John wiederzusehen! Ihr Glaube hatte ihnen beiden die Gewissheit gegeben, dass sie sich einmal im Himmel wiedersehen würden. Niemand scheint also allein zu sterben; Gott schickt immer jemanden, den wir geliebt haben, um uns zu begleiten.

In den wenigen Wochen, die ich mit Frank erlebt habe, war ich immer wieder verblüfft über den Frieden, der ihn und seine Frau umgab. Sie akzeptierten seine Krankheit und seinen bevorstehenden Tod und genossen jeden Tag, der ihnen blieb. Franks Frau war zwar sehr traurig bei dem Gedanken daran, ihren Mann bald zu verlieren, doch sie fand es wundervoll, dass John gekommen war, um seinen Vater zu begleiten.

Frank starb einige Nächte nach diesem Gespräch im Schlaf, ohne Kampf, im Einklang mit seinem Leben und seinem Tod.

Brian

„Weißt du, ich hab dich so lieb!“

Brian war der dreijährige Sohn eines wundervollen jungen Paares und unheilbar an Leukämie erkrankt. Seine Eltern hatten alle Hebel in Bewegung gesetzt, um die Krankheit zu bekämpfen, die seinen kleinen Körper schon bald hinwegraffen würde. Sie liebten dieses Kind mit einer solchen Intensität, dass sie sich nicht vorstellen konnten, sich je von ihm zu trennen. Die kleine Familie war gewissermaßen wie ein einziger, riesiger Klumpen aus Liebe. Brian war ein kluger Junge, der über einen Humor, eine Zähigkeit und Liebe verfügte, die weit über das hinausgingen, was man von einem Jungen in seinem Alter erwarten würde, und er spiegelte sehr deutlich die Eigenschaften seiner Eltern wider.

Wie alle Dreijährigen stellte er dann und wann die Geduld und das Durchhaltevermögen der Erwachsenen auf die Probe, doch das Leuchten in seinen Augen brachten jedes Mal die Herzen zum Schmelzen. Wie er und seine Eltern mit der Situation fertig wurden, werde ich nie ganz verstehen.

Brian saß oft auf dem Schoß seiner Mutter, legte ihr die Arme um den Hals und drückte sie ganz fest. „Weißt du, ich hab dich so lieb“, sagte er immer wieder, und dann lächelte sie trotz ihrer Tränen. Sie liebte ihren kleinen

Jungen von ganzem Herzen und konnte den Gedanken daran, dass er sie bald verlassen würde, kaum ertragen. Sie glaubte nicht an ein Leben nach dem Tod, daher nahm sie an, dass Brians Verlust für sie endgültig sein würde. Erst später sollte sie diesbezüglich eine tiefe und tröstliche Erfahrung machen.

Brians Anwesenheit füllte sofort jeden Raum, in dem er sich aufhielt. Sein breites Lächeln, das schelmische Funkeln in seinen Augen und seine Entschlossenheit sorgten dafür, dass seine Familie und Freunde, Krankenschwestern, Ärzte und alle, die mit ihm in Kontakt kamen, eine tiefe Zuneigung für ihn empfanden. Brian wusste Bescheid. Er durchschaute Menschen und Dinge schneller als wir Erwachsenen und zeigte ein Verständnis, das weit über sein Alter und seine Erfahrungen hinausging.

Seine Kindergartengruppe stellte einmal ein ganz besonderes Kochbuch zusammen, wie es nur Dreijährige können. In diesem Buch wurden ihre Lieblingsrezepte gesammelt. Brians Beitrag darin lautete: „Schritt 1: Den Stuhl zum Telefon tragen. Schritt 2: Auf den Stuhl stellen. Schritt 3: ‚Pizza Hut' anrufen." Diese Zeilen brachten auf wunderbare Weise Brians Persönlichkeit zum Ausdruck.

Brian liebte seine Eltern sehr, und er packte die Liebe und die Küsse, das Lachen und die Tränen eines ganzen Lebens in drei kurze Jahre. Er liebte auch seinen Hund und seine Katzen – *Buster, Me Too* und *Sweetheart* – doch sie waren zu groß und durften nicht in sein Zimmer im Krankenhaus kommen. Brian wusste, dass mein Pekinese ein Junges bekommen hatte, und ich versprach ihm, den Welpen beim nächsten Besuch mitzubringen. Eines Abends schlüpfte ich mit dem neugeborenen Welpen in meiner Handtasche ins Krankenhaus. Brians Augen waren geschlossen, als ich das kleine Knäuel in seine Arme legte und es seine kleine Schnauze in Brians Halsbeuge kuschelte. Er hielt den Welpen mit einer Hand fest und streichelte mit der anderen den hin und her wedelnden Schwanz. Er lächelte ein unvergessliches Lächeln; seine Augen hielt er noch immer geschlossen.

„Adios, Papa", sagte er immer wieder, wenn sein Papa nach einem Besuch bei ihm wieder aufbrach. Brians Worte bekamen im Laufe seiner Krankheit eine neue Bedeutung. Eines Nachts bat er seinen Papa, einen gerade gelieferten Strauß aus Luftballons zu einem kleinen Mädchen am Ende des Gangs zu bringen, bei der gerade Leukämie diagnostiziert worden war. Brian bat seinen Papa außerdem, der Kleinen einige seiner liebsten Modellautos zu bringen. Er dachte sorgfältig darüber nach, welche Autos oder Spielzeuge welchem Kind im Krankenhaus geschenkt werden sollten. Schließlich bat er seinen Papa, alle seine Autos wegzugeben. Er ahnte, dass er bald sterben würde.

Und das tat er eines Abends friedlich zusammengekuschelt in den Armen seiner Eltern. Ihr Schmerz war grenzenlos, und nur ihre starke Liebe zueinander gab ihnen die Kraft, sich aneinander festzuhalten. Brian verließ diese Welt mit einem einzigartigen Gespür für reine Liebe und Freude, doch er verließ sie viel zu früh.

Am ersten Jahrestag seines Todes sandte ich seiner Mutter gelbe Rosen. Sie war mir inzwischen eine liebe Freundin geworden. Als sie mich anrief, um sich für die Blumen zu bedanken, erzählte sie mir von einem Traum, den sie in der Nacht zuvor geträumt hatte. In ihrem Traum ging sie durch eine Landschaft voller Sand, der ihr bis zum Gesäß ging. Soweit das Auge reichte, war nur Sand zu sehen, und es war schwierig, darin vorwärtszukommen. Dann sah sie in einiger Entfernung ein kleines Licht und ging darauf zu. Als sie sich dem Licht näherte, wurde der Sand immer flacher, bis sie schließlich ganz leicht darüberlaufen konnte. In der Nähe des Lichtes konnte sie eine Art Campingzelt erkennen. Als sie das Zelt erreichte, schlug sie die Segeltuchtür zur Seite und spähte hinein. „Was glaubst du, was ich gesehen habe?“, fragte sie.

„Eine wunderschöne Frau hielt einen kleinen Jungen im Arm, und sie lächelte“, sagte sie, noch bevor ich antworten konnte. Dann sprachen wir über ihre jüdischen Wurzeln und darüber, dass in der Heiligen Schrift der Juden das Zelt die Behausung Gottes ist. In seiner unendlichen Güte hatte Gott ihr in Bildern, die sich an ihre eigene Tradition anlehnten, den Trost geschickt, dass ihr Kind bei ihm geborgen war. Sie sagte, dass nichts, was man ihr während des vergangenen Jahres gesagt, vorgelesen oder erklärt hatte, ihr einen solchen Trost und Frieden gegeben hatte wie dieser Traum. „Er ist geborgen und geliebt, das weiß ich jetzt“, sagte sie mit großer Überzeugung und lächelte mir zu.

Der Schmerz, der durch die Krankheit und den Tod eines Kindes ausgelöst wird, kann weder erklärt noch wirklich verstanden werden; doch es ist ebenso schwer zu beschreiben, welch ein Geschenk dieses Kind für alle war, die mit ihm in Berührung kamen. Sein so kurzes Leben hinterließ unauslöschliche Spuren und hat uns, die wir ihn kannten, dazu veranlasst, einmal mehr darüber nachzudenken, ob unser eigenes Leben die Welt so bereichert wie das dieses kleinen Jungen.

Eines Tages, nachdem ich Brian besucht hatte, setzte ich mich an meinen Schreibtisch und fragte mich: „Was war das für ein besonderes Kind?" Ohne jegliche Anstrengung formten sich meine Gedanken zu einem Gedicht:

Das Kind namens Brian

Brian ist Güte, Freundlichkeit, Weisheit und Liebe
Brian ist Zärtlichkeit, Freude, Einsicht und Liebe
Brian ist Sanftheit, Neugier, Unabhängigkeit und Liebe
Brian ist Suchen, Vergeben, Pizza Hut und Liebe
Brian ist Me Too, Sweetheart, Buster und Liebe
Brian ist Natürlichkeit, Ganzheit, Leben und Liebe
Brian ist Nancy, Kenny, Schönheit und Liebe
Brian wurde geboren, um zu lieben
um Menschen zu berühren
um Menschen zu wärmen und ihnen etwas beizubringen
Er schrieb einen Kreis und zog uns hinein
Brian ist Gottes Antwort auf eine ausgehungerte Welt

Gloria

„Ich gehe jetzt – Auf Wiedersehen!“

Gloria war siebenundachtzig und das Oberhaupt einer großen afroamerikanischen Familie. Sie lebte in einem kleinen Haus in einem Waldstück in der Nähe einer stark befahrenen Autobahn. Sie hatte ihre Kinder in diesem Haus aufgezogen, bis sie alle aufs College gingen. Das Familienleben war von einem starken Glauben geprägt, man ging regelmäßig zur Kirche, besuchte den Chor und hielt sich an eine gewisse Disziplin. Es war eine vom Glauben erfüllte Familie.

Bei meinem ersten Besuch stellte ich sofort fest, dass Gloria das Sagen in der Familie hatte. Sie bestimmte, wo es langging, und ihre Angehörigen verehrten sie. Alle wussten, dass sich ihr Zustand rapide verschlechterte, doch es fiel ihnen schwer, sie gehen zu lassen. Irgendjemand oder irgendetwas schien noch zu fehlen. Die Familie wachte Tag und Nacht über sie und versuchte alle ihre Wünsche und Bedürfnisse zu erfüllen. Die Zeit verging schnell.

Schließlich kam der Zeitpunkt, an dem sie kein Lebenszeichen mehr von sich gab, ihr Atem ging nur noch sehr flach. Am dritten Tag blieb ich bis Mitternacht und rechnete bei jedem Atemzug damit, dass es ihr letzter sein würde. Doch es kam anders. Gloria war noch nicht bereit zu gehen. Die Familie sang wunderschöne Lieder, las einige ihrer liebsten Bibelverse und sprach Dankgebete für ihr Leben. Es war erstaunlich, die Freude und den Kummer auf ihren Gesichtern zu lesen; es berührte mich, mit welcher Intensität der Glaube, den sie ihnen so sorgfältig vermittelt hatte, in diesen Momenten zum Ausdruck kam. *Auf wen oder auf was wartet sie noch*?, fragte ich mich. Als ihre Familie mich bat, mit ihr zu beten, tat ich es und hoffte, mich gut an die Worte des dreiundzwanzigsten Psalms zu erinnern. Mittlerweile war Mitternacht vorbei, und ihr Zustand war unverändert. Gloria schien ganz friedlich zu sein, also fuhr ich nach Hause.

Am nächsten Morgen kam ich gegen 8 Uhr bei ihr vorbei. „Warte nur, bis du Mama siehst", sagten ihre Kinder, als ich an der Haustür ankam. Die gleiche Frau, die drei Tage lang kein Lebenszeichen mehr von sich gegeben hatte, saß nun aufrecht in ihrem Bett und lächelte. Sie war so wach und bei so klarem Verstand, wie ich sie noch nie erlebt hatte. „Du betest wirklich sehr gut, meine Liebe", sagte sie, als ich den Raum betrat. Sie hatte also am Abend zuvor alles sehr bewusst wahrgenommen.

Plötzlich gab es an der Haustür viel Lärm und Aufregung. „Er ist hier", sagte sie und strahlte vor Freude, als ihr ältester Sohn, auf den sie gewartet hatte, endlich kam. „Ich bin da, Mama", sagte der große, gut aussehende Mann und beugte sich sanft zu ihr hinunter, um sie zu umarmen und zu küssen. Sie legte ihren Kopf auf das Kissen, sah ihrem ältesten Sohn in die Augen und sagte: „Ich weiß. Jetzt gehe ich – Auf Wiedersehen!" Und sie schloss die Augen und starb.

Ich war sprachlos. Gloria hatte gewartet, bis die eine Person eingetroffen war, die wusste, wie alles gemanagt werden sollte. Ihr ältester Sohn war derjenige, der ihren Platz einnehmen und die Familie schützen und leiten würde. Er wusste es, und sie wusste es, so einfach war das. Gloria ließ ihre Familie „in guten Händen" zurück, alles war geregelt. Nie zuvor hatte ich so etwas gesehen.

Durch alle Prüfungen und Schwierigkeiten hindurch blieb diese Frau Gott treu. So hatte sie ihr Geschäft und ihr Familienleben erfolgreich geführt. Nun verließ sie diese Welt mit der Gewissheit, dass ihre Arbeit Bedeutung behielt und auf die nächste Generation übertragen wurde.

Joshua

„Du meinst, ich brauche nicht zu bleiben, Peter?"

Ich wurde in diesem Bett geboren und ich werde auch in diesem Bett sterben", sagte Joshua bei meinem ersten Besuch. Der dünne, schmächtige ältere Mann saß gegen seine Kissen gelehnt in einem breiten, antiken Bett, das offenbar ein Familienerbstück war, und sagte uns, wo es langging. Seine Frau und seine Tochter waren bereits tot. Peter, sein einziger Sohn, war nun an seiner Seite, und wir beide hörten diese wichtigen Worte.

Joshua war dem Tod so nahe, wie ich es noch nie bei einem ersten Patientenbesuch erlebt hatte. Er hatte in wenigen Wochen enorm viel Gewicht verloren, schlief sehr viel und aß nur noch wenig, und sein Puls war kaum noch spürbar. Er lag im Sterben, doch irgendetwas war für ihn noch nicht abgeschlossen. Es ist immer wieder interessant, mit einem Sterbenden oder seinen Angehörigen darüber zu sprechen, was geschehen muss, damit ein Mensch bereit ist, zu gehen. Wenn man dem Sterbenden sehr aufmerksam zuhört, erfährt man in der Regel, was es ist.

Ich ging in die Küche, um mit seinem Sohn und seiner Schwiegertochter zu sprechen. „Er wartet darauf, dass Sie ihm sagen, dass er gehen kann", sagte ich. „Als Ihr Vater hat er das Gefühl, dass er sie nicht allein lassen kann, und er wird nicht sterben können, bevor sie ihm nicht klargemacht haben, dass Sie ihn gehen lassen." Dieser gut aussehende, groß gewachsene Mann liebte seinen Vater offensichtlich sehr. Er und seine Frau Cherry wünschten sich nichts anderes, als ihm zu seinem Frieden zu verhelfen. Wir sprachen über Peters Mutter und seine Schwester Kathleen und den christlichen Glauben, der Joshua die Gewissheit gab, die beiden im Himmel wiederzusehen.

Einem geliebten Menschen die Erlaubnis zum Sterben zu geben, ist das Selbstloseste, was man für diese Person tun kann. Es ist ein bedingungsloses Geschenk, für das man keinen Dank erwarten kann, ausgenommen das Wissen, bis zum Ende wirklich geliebt zu haben. Wenn man sich gegenseitig wertgeschätzt hat, wird diese Wertschätzung auch dann verfügbar sein, wenn man sie angesichts des Todes benötigt. Vertrauen ist der entscheidende Faktor, wenn es darum geht, loszulassen und zu gehen.

Peter ging nach unserem Gespräch direkt ins Schlafzimmer zurück, setzte sich auf das Bett seines Vaters, sah ihn an und sagte so liebevoll und sanft, wie man sich nur vorstellen kann: „Papa, Papa, du kannst jederzeit gehen, wenn du spürst, dass du dazu bereit bist. Mama und Kathleen warten auf dich. Mir geht es gut, ich werde zurechtkommen, alles ist in Ordnung."

Joshua stützte sich auf seine schwachen Ellbogen, brachte sein Gesicht ganz nah an das Gesicht seines Sohnes und sagte: „Du meinst, ich brauche nicht zu bleiben, Peter?"

„Nein, Papa, du kannst jederzeit gehen, ich werde zurechtkommen", bekräftigte sein Sohn noch einmal seine Worte.

Joshua lehnte sich zurück, schaute zu seinem Sohn hoch und lächelte. Nun hatte er die Worte gehört, auf die er gewartet hatte. Er hatte die Erlaubnis seines Sohnes, in ein neues Leben eintreten zu dürfen, und freute sich darauf, seine Frau und seine Tochter im Himmel wiederzusehen. Später am Nachmittag starb er friedlich. „Dies war meine beste Stunde", sagte sein Sohn später zu mir. „Es war mein letztes Geschenk an meinen Vater."

Alles war so, wie es sein sollte. Dass ich den Trost, den Vater und Sohn durch diese gemeinsame Erfahrung spürten, miterleben durfte, berührt mich heute noch tief. Und dieser Trost begleitete den Sohn sein Leben lang.

Lenora

„Da ist ein Engel, der zu mir kommt und neben meinem Bett wacht."

Lenora war vierundfünfzig, Haupt einer großen arabischen Familie und lag mit einem bösartigen Gehirntumor im Sterben. Ihre Familie wich nicht von ihrer Seite. Ihre Angehörigen liebten sie, badeten sie, fütterten sie und vermieden es, über ihren bevorstehenden Tod zu sprechen. Lenora saß aufrecht im Bett, von hübschen Kissen und Bettdecken und dem Duft frisch geschnittener Blumen umgeben. Ein beständiger Strom von geliebten Menschen ergoss sich in ihr Zimmer und viele leckere Mahlzeiten kamen zu ihr. Man sah, dass diese Frau eine gute Mutter gewesen war und dass ihre Kinder ihr nun zurückzugeben versuchten, was sie selbst empfangen hatten.

Eines Tages, als ich sie besuchte, bat sie mich, unter vier Augen mit mir zu sprechen. Zur allgemeinen Überraschung ließ sie alle anderen aus dem Zimmer gehen. „Dieser große Engel steht neben meinem Bett", sagte sie sehr eindringlich. „Da drüben", sagte sie und zeigte auf eine Ecke ihres Schlafzimmers.

„Ist er jetzt da?", fragte ich.

„Nein, er kommt und geht, und jedes Mal lächelt er mir zu. Liebe Krankenschwester, glauben Sie, dass ich wirklich diesen Engel sehe?"

„Ja, das glaube ich", sagte ich. „Wenn Sie diesen Engel sehen, dann ist er wirklich hier in diesem Raum." Ich erklärte ihr, dass sehr viele Menschen, die sich darauf vorbereiten, in den Himmel zu gehen, diese Erfahrung machen. Sie lächelte und nickte wissend.

Visionen von Engeln, geliebte Menschen, die bereits gestorben sind, weit entfernt lebende Angehörige, angenehme Düfte, wunderschöne Blumen und Engelchöre – all diese Dinge gehören sehr oft zum Erfahrungsschatz Sterbender. Wir können versuchen, diese Dinge mit hochtrabenden, wissenschaftlichen Begriffen zu erklären, doch letztendlich werden wir zu der Erkenntnis gelangen, dass wir nicht alles begreifen können und sollen. Diese Einsicht kann erleichternd sein, denn wir verschwenden dann keine Zeit mehr damit, einem Sterbenden unser Verständnis oder unsere Interpretation seiner Erfahrung aufzudrücken.

Lenora rief ihre gesamte Familie in den Raum zurück und sagte: „Wenn ich euch sage, dass ich neben meinem Bett einen Engel sehe, dann sehe ich dort einen Engel!" Sie wollte, dass ihre Lieben dies begriffen, und ich denke, dass sie ahnte, welch ein Trost dies nach ihrem Tod für ihre Angehörigen sein würde.

Einige Wochen später starb Lenora friedlich, umgeben von ihrer Familie und von Freunden, die man ihre irdischen Engel hätte nennen können. Sie kümmerten sich so um sie, wie sie es für sie getan hatte – mit Beständigkeit und Aufmerksamkeit.

Gene

*„Ich weiß, wohin ich gehe,
und ich habe keine Angst zu sterben."*

Gene war erst sechzig, als man Lungenkrebs bei ihm feststellte. Er hatte zwei gut aussehende Söhne (blond und blauäugig), eine wunderschöne Tochter (schwarzhaarig und braunäugig) sowie eine kostbare Enkelin, und er liebte sie alle von ganzem Herzen. Gene war seit zweiundvierzig Jahren mit Teresa verheiratet, die das Licht seines Lebens war, und gemeinsam waren sie eine glückliche Familie.

Gene war Christ und strahlte die Sicherheit eines Menschen aus, der weiß, zu wem er gehört und wohin er geht. Bei meinem ersten Besuch betete Gene laut und mit erhobenen Händen. Als ich ihn fragte, ob er mit mir beten wollte, kniete er sich vor mir auf den Boden. Es war ein besonderer Moment: Dieser von Glauben erfüllte, todkranke Baptist betete mit seiner irisch-katholischen Pflegerin – ich stellte mir vor, wie Gott dazu lächelte. Gene war eine wundervolle Persönlichkeit, voller Leben. Er hatte eine sehr vertraute Beziehung zu Jesus und liebte es, über ihn zu sprechen und zu erzählen, wie er ihn kennengelernt hatte. In vielerlei Hinsicht spiegelte Gene das wider, was ich als „alte Weisheit" oder „Weisheit der Alten" bezeichnen würde.

Ich war keineswegs überrascht, als er mir eines Tages sagte, dass sein Ururgroßvater mit einer schönen indianischen Prinzessin verheiratet war. Das erklärte seine dunkle Hautfarbe, und obwohl er nicht oft darüber sprach, war es offensichtlich, dass er von seiner Herkunft fasziniert und stolz darauf war. Ich denke, seine Offenheit für geistliche Dinge hatte hier ihren Ursprung, und er hatte besondere Erkenntnisse und Einsichten.

Genes Zustand verschlechterte sich rapide, und er nannte immer wieder den Namen einer geliebten Person, von der er fürchtete, dass sie verloren gehen würde. Immer wieder rief er nach ihr, konnte sie jedoch nicht finden. Er war unruhig und besorgt, voller Angst, dass er sie nie wiedersehen würde, weil sie vermutlich nicht „errettet" war. Man konnte sehen, wie er buchstäblich nach ihr suchte, und seinen Angehörigen tat es weh, seinen Schmerz und seine Furcht mit anzusehen. Er würde nie zur Ruhe kommen, es sei denn, er stützte sich ganz und gar auf die Barmherzigkeit Jesu, um Trost zu finden. Eines Tages erinnerte ich ihn daran, dass er dieser geliebten Person oft von Jesus und seiner Liebe erzählt hat, und dass wir zwar nicht das Herz eines anderen Menschen kennen, doch darauf vertrauen können, dass Gott voller Gnade und Erbarmen ist und nicht will, dass jemand verloren geht. Meiner Meinung nach kommt es häufig vor, dass Gott einem Menschen am Ende seines Lebens solche Gespräche wieder ins Gedächtnis ruft und sie dazu gebraucht, um ihn zu sich zu ziehen. Gene wurde sofort ruhig und nickte schweigend. Danach suchte er nie wieder nach dieser Person. Wenn Palliativpfleger mit einer solchen Situation konfrontiert werden, sind sie ganz und gar von der

Inspiration des Heiligen Geistes abhängig. Man kann sich in solchen Momenten nicht auf seine eigenen begrenzten Einsichten verlassen. Es ist ein besonderes Geschenk, mit einem sterbenden Menschen, den er zu sich nach Hause ruft, solche Erfahrungen zu teilen.

Eines Abends, als Gene kurz davor stand, seinen letzten Atemzug zu machen, und seine ganze Familie an seinem Bett kniete, fragte ich: „Sollen wir mit Ihnen beten?“ Gene hatte seit etwa drei Tagen nicht mehr gesprochen, weil er zu schwach dazu war, doch er gab einen Laut von sich und nickte.

Wir beteten, und es war offensichtlich, dass er uns hören konnte und mit uns betete. Ganz langsam richtete er sich in eine sitzende Position auf, hielt die Arme über den Kopf und betete mit ganzem Herzen. Schließlich – nach einer Zeit, die uns sehr lang vorkam, lehnte er sich zurück und schlief friedlich ein. Gene kannte seinen himmlischen Vater sehr gut. Er hatte eine vertraute, innige Beziehung zu ihm und starb in der Gewissheit, dass Gott ihn liebte, ihm vergeben und ihn gerettet hatte.

Elliott

„Wenn das Weizenkorn nicht in die Erde fällt …"

Elliott war zweiundfünfzig Jahre alt und ein Arzt, der von seinen Kollegen sehr geschätzt wurde. Er war unheilbar an Darm-, Leber- und Lungenkrebs erkrankt und hatte nur noch sehr wenig Zeit zu leben.

Stress und Druck in der Anfangszeit seiner beruflichen Laufbahn hatten dazu geführt, dass Elliott immer wieder zur Flasche griff, was für seine Familie sehr schmerzlich war. Jetzt wollte er darüber sprechen, wie er diese Phase seines Lebens erlebt hatte und wie sehr er es bereute, seiner Familie solche Schwierigkeiten bereitet zu haben. Doch vor allem wollte er mir erzählen, wie Gott sich ihm in seinen dunkelsten Tagen genähert hatte. Damals hatte er auf ganz neue Weise Vergebung erfahren und „sprach und lebte seitdem täglich mit Gott", wie er sich ausdrückte. Seine Beziehung zu Jesus Christus hatte ihn schließlich dazu befähigt, die Alkoholsucht zu besiegen.

Es kommt manchmal vor, dass Menschen, die alkohol- oder drogenabhängig waren, schwieriger sterben als andere. Vielleicht treten die Ängste, mit denen sie ihr Leben lang kämpften und die sie in die Sucht getrieben hatten, mit neuer Macht hervor, wenn ihr Körper schwach und verwundbar ist.

Elliott vertraute mir eines Tages an, dass mehr als einmal eine „Kreatur“ in sein Schlafzimmer gekommen sei, die ihm Angst gemacht habe. Diese Kreatur sei sehr hässlich anzusehen gewesen und hätte sich gegen ihn gelehnt. Elliott erklärte mir sehr präzise, was er gesehen hatte, und meinte, es sei etwas „Böses“, möglicherweise eine der alten, unbekannten Ängste, mit denen er es in der Vergangenheit zu tun gehabt hatte. Jetzt wusste er nicht, wie er damit umgehen sollte. Wir sprachen darüber, dass es das Böse wirklich gibt, und ich erklärte ihm, dass wir uns nicht davon überwältigen lassen dürfen, wenn wir müde, krank oder verwundbar sind. Elliott erkannte, dass das Gebet in dieser Situation das Wichtigste war und versprach zu beten, wenn er diese Erfahrung noch einmal machen würde. Nur wenige Nächte später kam die „Kreatur“ erneut zu ihm, doch diesmal war er vorbereitet. Er hatte Jesus vor Jahren kennengelernt und pflegte eine vertraute Beziehung zu ihm. Und so bat er Gott, dass diese „Kreatur“ ihn im Namen Jesu in Ruhe lassen sollte. Er brauchte dies nur einmal zu sagen. Die „Kreatur“ kam nie wieder.

Wer ist dieser Gott? Wie kommt es, dass er sich auf so anschauliche und liebevolle Weise offenbart, wenn wir ihn am meisten brauchen? Weiß er wirklich, wie wir uns fühlen, wenn unsere Zeit kommt, diese Welt zu verlassen? Kann es sein, dass er uns ein sanftes Kissen aus Ahnungen und Verstehen geben will, auf das wir unseren Kopf legen können? Ist er uns wirklich unser Leben lang so nah, dass wir am Ende furchtlos und geborgen zu ihm gehen können? Elliott war davon überzeugt, und es war wundervoll zu sehen, mit welcher Vertrautheit er diese Gewissheit lebte.

Elliott glaubte ganz fest, dass alles im Leben einen Sinn hat und einem Zweck dient – das Gute und das Böse. Er betonte oft, dass Gott uns im Laufe unseres Lebens viele Lektionen beibringt. Und er hörte mich gern die Geschichte aus einer meiner Lieblingsnovellen erzählen, in der der Apostel Paulus auf dem Hügel Golgatha umhergeht und auf die drei dort aufgerichteten Kreuze blickt. Die Geschichte endete damit, dass mit einem Mal das Kreuz, an dem Jesus hängt, nach hinten in den Boden hineinfällt. „Was siehst du auf den Feldern hinter dem Kreuz?“, fragte ich Elliott immer wieder. „Weizenfelder“, antwortete er, und fügte hinzu: „Genau darum geht es.“ Das sagte er mit großer Einsicht und Überzeugung. „Wenn das Weizenkorn nicht während unsers Lebens in die Erde fällt und stirbt, kann es nicht Frucht für die Ewigkeit hervorbringen.“ Elliott erkannte, dass das Sterben seines eigenen Ichs, die Abwendung vom Alkohol und die vollkommene Abhängigkeit von der Gnade und Güte Gottes dazu geführt hatten, dass er zum ersten Mal wirklich frei war zu leben.

Elliott starb eines Abends friedlich, seine Angehörigen waren an seiner Seite. Er hatte keine Angst, und war eins mit seinem Leben, seinem Sterben und den Lektionen, die Gott ihm beigegebracht hatte.

Steven

„Ich möchte alles geregelt haben; hilfst du mir?“

Steven war noch keine fünfzig. Er war in zweiter Ehe verheiratet und hatte eine Tochter, die nicht wusste, dass er ihr Adoptivvater war, und neben zwei älteren Söhnen noch einen zehnjährigen Jungen, für den das Leben so manche Herausforderungen bereithielt.

Steven hatte Magenkrebs und war von den Komplikationen seiner Erkrankung und der Behandlung sehr erschöpft. Sein Zustand verschlechterte sich rapide, deshalb wollte er jetzt unbedingt alles in seinem Leben in Ordnung bringen. Sein Arzt meinte, dass er nicht so bald sterben würde und dass die meisten seiner Symptome Begleiterscheinungen der Medikamente seien. Er vermutete, dass Steven aufgrund des Morphiums so müde und antriebsschwach war.

Ich sah das anders als Stevens Arzt. Steven sagte mir, er wollte bestimmte Dinge, die ihm sehr wichtig waren, noch zu Ende bringen, bevor er starb. Er war extrem ungeduldig und hatte es eilig – und ich versuchte, ihm zu folgen. Wenn man so wie ich Krankenschwester ist, lernt man schnell, ein Gespür dafür zu entwickeln, was die Patienten einem klarmachen wollen, und wie wir ihnen helfen sollen.

Steven sprach sehr ausführlich mit mir über seinen jüngsten Sohn, seine Sorge und Liebe zu ihm. Er schmiedete große, langfristige Pläne für ihn und wollte dafür sorgen, dass er nach seinem Tod in einer Internatsschule erzogen und ausgebildet wird. Er liebte jedes seiner Kinder von ganzem Herzen, und sie sollten das auch wissen. Alles wollte Steven selbst in die Hand nehmen und regeln, damit keines seiner Kinder in die Situation käme, Dinge bewältigen zu müssen, für die es noch keine Verantwortung tragen konnte.

„Ihr Patient wird sehr bald sterben", sagte ich seinem Arzt eines Tages. „Ich glaube, er wird nicht mehr länger als zwei oder drei Tage leben."

„Woher wollen Sie das wissen?", fragte mich der Arzt.

„Weil er jetzt viele Dinge tut, die Menschen in ihren letzten Augenblicken tun, und weil er mir gesagt hat, dass er stirbt", antwortete ich. Sein Arzt war ungefähr im gleichen Alter wie Steven und konnte sich einfach nicht vorstellen, dass dieser so jung sterben sollte. Am nächsten Tag arrangierte er alles, damit Steven in einer anderen Stadt in einer Spezialklinik behandelt werden konnte.

Der kurze Aufenthalt in dieser Klinik änderte nichts an Stevens Zustand, und obwohl neue Untersuchungen, Blutbilder und Computertomografien angeordnet wurden, konnte jeder – mit Ausnahme seines Arztes – erkennen, dass Steven sehr bald sterben würde.

Seine Angehörigen und viele Freunde waren gekommen, um ihm beizustehen. Ein Cousin, der wie ein Bruder für ihn war, fragte mich, was sie alle in jener Nacht für Steven tun könnten. Ich fragte ihn, was sie üblicherweise taten, wenn sie zusammen waren. Er sagte, sie hätten sich immer zu Hause besucht, Polka getanzt und wunderschöne polnische Balladen gesungen. Ich ermunterte ihn, genau das in dieser Nacht zu tun. Stevens Arzt, der immer noch glaubte, sein Patient hätte noch jede Menge Zeit, stimmte dem Vorhaben zu. Die diensthabende Schwester erzählte mir am nächsten Morgen, sie habe noch nie zuvor so eine fröhliche Gruppe erlebt. Stevens Cousin und seine Freunde erzählten sich all die lustigen Geschichten, die ihr Leben auf einzigartige Weise miteinander verwoben hatten. Sie sagten Steven, wie sehr sie ihn liebten und dankten ihm für die schönen Erinnerungen, die sie alle seit ihrer Kindheit in ihren Herzen trugen.

Steven starb am frühen Morgen, umringt von seinen besten Freunden, die ihm einen wahren Abschied bereitet hatten. Er hatte alle denkbaren Vorbereitungen für das Wohlergehen seiner Kinder getroffen und die letzten Stunden seines Lebens mit den Menschen verbracht, die ihn am meisten liebten. Es war so, wie es sein sollte: Er hatte das Leben bis zum Ende ausgekostet.

Ich rief Stevens Arzt am Morgen an, um ihn zu informieren. Er war sehr überrascht, dass sein Patient so sanft und schnell gestorben war, doch er freute sich über sein glückliches Ende. Er sagte noch, dass er nicht so bald sterben wolle, doch wenn irgendwann seine Zeit kommen sollte, dann solle ich in der Nähe sein und ihm Bescheid sagen.

Robert

„Beten Sie noch einmal mit mir, meine Liebe!"

Robert war erst vierundfünfzig und lag mit Lungenkrebs im Sterben. Er war ein glücklicher, liebevoller Mann, hatte zwei gut geratene Söhne mit viel Humor, aber auch Disziplin großgezogen und war seit mehr als dreißig Jahren glücklich mit Dot verheiratet. Bei meinem ersten Besuch hörte er mir wortlos zu, und als ich fertig war, sagte er einfach: „Ich freue mich, junge Frau, dass Sie meine Krankenschwester sind. Nun, bitte sagen Sie mir, wann ich sterben werde." Er sah ganz und gar nicht wie ein Sterbender aus.

Ich erklärte ihm, dass sein betreuender Arzt ihm alles über seine medizinische Verfassung, sein Blutbild und seine Prognose sagen konnte. Doch wenn der Zeitpunkt seines Abschieds näherrückte, versicherte ich ihm, würde Gott ihm in seinem Herzen und in seiner Seele klarmachen, dass er bald sterben würde. Er schien mit dieser Antwort zufrieden zu sein.

Robert besaß noch eine gute Lebensqualität, er saß nachmittags draußen auf der Veranda und genoss die Zeit mit seiner Familie und seinen Freunden. Sein trockener Sinn für Humor war unverändert, und er erzählte die tollsten Geschichten. Wie eh und je gingen bei ihm zu Hause Freunde und Familienmitglieder ein und aus.

Obwohl sich sein Zustand etwas verschlechterte und er schneller und häufiger müde wurde, sah er nicht wie jemand aus, der in Kürze sterben würde. Er litt an einer Krebsart, die bei dem Betroffenen weniger Verwüstungen anrichtet als die meisten anderen Krebsarten. Es gibt Krebspatienten, die nur wenig Gewicht verlieren, eine gesunde Gesichtsfarbe und bis zum Schluss einen fast normalen Appetit behalten. Ihr Erscheinungsbild ist so „normal", dass man sich fragt, ob vielleicht eine falsche Diagnose gestellt wurde. So war es auch bei Robert.

Eines Morgens rief mich seine Frau Dot sehr früh an. „Robert möchte gern, dass Sie vorbeikommen", sagte sie. „Gleich nachdem er aufgewacht ist, hat er nach Ihnen gefragt." Ich fuhr sofort zu ihm; seine gesamte Familie hatte sich schon an seinem Bett versammelt. Als ich den Raum betrat, sagte Robert zu mir: „Erinnern Sie sich noch, was Sie mir sagten, als ich wissen wollte, wann ich sterben würde? Nun, heute ist dieser Tag." Er saß aufrecht im Bett, mit einem breiten Lächeln, und er sah so gut aus, als ob alles ein Irrtum wäre.

„Beten Sie mit mir, meine Liebe", sagte er ganz selbstverständlich zu mir. Also setzten wir uns vor seinem Bett auf den Boden und beteten gemeinsam. „Danke", sagte er anschließend und tätschelte meine Hand. „Sie können jetzt wieder nach unten gehen." Robert war ein Mann mit eigenem Kopf, und es wäre falsch gewesen, übergroße Fürsorge zu zeigen. Seine Angehörigen verstanden sich sehr gut, und sie wussten, wie man einander Liebe und Fürsorge zeigte. Sie wussten auch, dass Robert seinen nahen Tod spürte und glaubten ihm. Den ganzen Tag verbrachte er mit Freunden und Bekannten, die bei ihm ein und aus gingen – so wie es immer gewesen war –, und so manche lustige Geschichte wurde in diesen Stunden erzählt.

Später am Nachmittag wollte Robert, dass ich wieder nach oben in sein Zimmer kam. „Bitte, beten Sie noch einmal mit mir, meine Liebe“, sagte er. Also beteten wir.

Robert war katholisch erzogen worden, aber er und Dot hatten in der Presbyterianischen Kirche geheiratet und dort ihre Kinder getauft. Doch wer im katholischen Glauben groß wurde, sehnt sich meist am Ende des Lebens nach den vertrauten Ritualen und Gebeten, die er aus seiner Kindheit kannte. „So ist es richtig, meine Liebe“, sagte er und tätschelte lächelnd meine Hand. „So ist es richtig.“ Für alle, die ihn kannten und liebten, war es offensichtlich, dass Robert mit seinem Leben und seinem bevorstehenden Tod im Frieden war. Er starb am Abend, umgeben von seinen Lieben, und bis zum Ende hatte er das „Heft in der Hand“.

Robert war ein praktischer Mann, ein Realist, der die Dinge so sah, wie sie waren, und nicht so, wie er sie gern gehabt hätte. Er war ruhig, tat immer einen Schritt nach dem anderen und schaute nie zurück. Als liebevoller Ehemann, der nun seinen Söhnen die Verantwortung übertrug, wusste er, dass sie gut damit zurechtkommen würden. Kein Grund, die Dinge in die Länge zu ziehen – er tat, was getan werden musste, und er tat es gut.

Jack

„Ich kann das Muster meines Lebens sehen."

An einem Freitagnachmittag, ich war gerade auf dem Weg zu einem Einkehrwochenende in St. Augustine, wurde ich gebeten, einen siebenundvierzig Jahre alten Mann in unser Hospiz-Programm aufzunehmen. Jack hatte Lungenkrebs im fortgeschrittenen Stadium und hatte das dringende Bedürfnis, sich auszusprechen. Während der Zeit, die ich bei ihm war, fragte er mir buchstäblich Löcher in den Bauch: über seine Krankheit, wie ich seinen Zustand einschätzte, was mit ihm passieren würde und wie es sich anfühlt zu sterben. Er schrieb unser Gespräch auf einem Notizblock auf, der auf seinem Schoß lag, notierte die Fragen und die Antworten, die er suchte. Jack sprach mit mir über „das Muster seines Lebens", das Gott ihm gezeigt hatte. Er erklärte mir sorgfältig, was die verschiedenfarbigen Schnüre, die sein Leben wie die Fäden eines Teppichs durchzogen, zu bedeuten hatten. Er verstand nun, warum sich bestimmte Entscheidungen so und nicht anders ihren Weg gebahnt hatten, und warum er das eine und nicht das andere gewählt hatte. Wie so viele andere sterbende Patienten, um die ich mich gekümmert habe, wirkte er alles andere als traurig bei diesen Betrachtungen. Er schien vielmehr Erleichterung und Trost darin zu finden.

Ich fuhr schließlich doch noch zu meinem Einkehrwochenende, das von einem Franziskaner geleitet wurde. Er erklärte uns frei heraus, dass er eigentlich nicht für diese Aufgabe vorgesehen war und nur den von Gicht geplagten Priester vertrat, der planmäßig das Wochenende hätte leiten sollen. Sein Thema für die Einkehr lautete „Das Muster unseres Lebens" – also genau das Thema, über das Jack mit mir gesprochen hatte! Während des Wochenendes antwortete der Priester auf jede einzelne Frage, die Jack an mich herangetragen hatte, und ich konnte kaum schnell genug schreiben, um alles festzuhalten. Dies war sicher kein Zufall. Seine Worte waren so persönlich auf Jack zugeschnitten, dass ich sie ihm unbedingt mitteilen musste.

Als das Einkehrwochenende zu Ende ging, erhielt ich einen Anruf von Jacks Frau Sarah. Sie bat mich auf Jacks Wunsch hin, noch am Abend vorbeizukommen und mit ihm zu sprechen. Seine Eltern waren bei ihm. Sie waren von weiter entfernt hergekommen und wollten nun wissen, ob sie bei ihm bleiben oder nach Hause fahren sollten, denn sie hatten mitbekommen, wie sich Jacks Zustand innerhalb von zwei Tagen rapide verschlechtert hatte. Ich schlug ihnen vor, über Nacht dazubleiben, was sie auch taten. Denn Jack war ihr einziger Sohn.

Als ich Jacks Zimmer betrat, nahm ich meinen Block mit den Aufzeichnungen vom Einkehrwochenende aus der Tasche. Wir sprachen über sein Verständnis vom „Muster des Lebens" und gingen alles noch einmal anhand der Aussagen, die der Priester gemacht hatte, durch. Jede einzelne Frage auf seinem Notizblock wurde durch die Ausführungen des Priesters so gründlich und konkret beantwortet, dass wir beide nur ehrfürchtig staunen konnten.

Für Jack und seine Frau war es überwältigend zu sehen, welche Antworten Gott ihm gab.

Jack war ein sehr pragmatischer Mensch. Er dachte über alles intensiv nach, betrachtete die Vergangenheit sorgfältig, stellte tiefgründige Fragen und suchte Antworten für die Zukunft. Gott kannte ihn gut und ließ ihn auf unerwartete Weise und durch eine völlig fremde Person die Antworten zukommen, die er so sehr brauchte. Wer hätte je geahnt, dass die Fragen, die Jack mir bei meinem ersten Besuch stellte, drei Tage später vollständig beantwortet werden würden – und das von einem Priester, der ursprünglich gar nicht für dieses Einkehrwochenende eingeplant gewesen war? Unser Gott ist wirklich treu und großartig!

In den vergangenen drei Tagen hatte Jack viel nachgedacht, und Gott hatte sich ihm in dieser Zeit noch intensiver als zuvor geoffenbart. Jacks Tochter lebte mit ihrem Freund in wilder Ehe, und Jack hatte darüber gegrübelt, ob er ihr sagen sollte, was er darüber dachte. Er wollte keine Spannung zwischen ihnen aufkommen lassen, doch Gott der Vater offenbarte sich Jack und ließ ihn sanft die Wahrheit über das Leben erkennen – und so kam Jack zu dem Schluss, dass er auf diese Weise auch mit seiner Tochter umgehen musste. Als wir gerade darüber sprachen, klopfte es an die Tür und seine Tochter kam herein. Sie setzte sich auf die Bettkante und ich ließ die beiden allein. Nur wenige Minuten später kam die junge Frau mit strahlendem Gesicht ins Wohnzimmer zurück, und als ich Jack ansah, nickte er mit einem breiten Lächeln. Die Arbeit war getan. Das Timing hätte nicht perfekter sein können.

Jacks Krebserkrankung war solcher Art, dass sein behandelnder Arzt mich darauf vorbereitete, dass Jack vermutlich einen schwierigen Tod haben würde. Seine Lungen würden sich mit Wasser füllen und ihm das Atmen erschweren, und er würde zum Schluss sehr starke Betäubungsmittel brauchen. So schlug er vor, in unmittelbarer Verbindung zu mir zu bleiben und befürwortete, ihn medikamentös so einzustellen, dass er möglichst friedlich sterben könnte.

„Wenn ich Christ bin", sagte Jack, als wir wieder allein waren, „und weiß, wohin ich gehe, warum habe ich dann Angst vor dem Sterben?"

Wir sprachen über das Leben und Sterben Jesu, über die Nacht vor seinem Tod und wie er im Garten Gethsemane seine Jünger gebeten hatte, mit ihm zu wachen, weil er Angst vor dem hatte, was auf ihn zukam, und er nicht allein sein wollte. Und ich sagte zu Jack: „Wenn selbst der Sohn Gottes Angst vor dem Tod hatte und die Nähe seiner Freunde suchte, warum sollte es dann bei Ihnen anders sein?" Jesus war zwar Gott, doch gleichzeitig auch Mensch; und als Mensch hatte er Angst vor dem Leiden, das ihm bevorstand. Jack gefiel der Gedanke, Angst zu haben und gleichzeitig Gottes Willen zu akzeptieren, und er fand tiefen Trost in der Erkenntnis, in gewisser Hinsicht das durchzumachen, was auch Jesus durchgemacht hatte.

„Wenn du mitten in der Nacht aufwachst und Angst hast", sagte ich, „dann bitte Sarah, zu kommen, deine Hand zu halten und solange bei dir zu bleiben, bis du wieder eingeschlafen bist."

Um drei Uhr am Morgen wachte Jack auf und rief nach Sarah. Er bat sie, sich zu ihm zu setzen, ihn festzuhalten und bei ihm zu bleiben. Sie tat genau das. Und innerhalb weniger Minuten starb Jack in ihren Armen, ohne Kampf, friedlich und ohne Betäubungsmittel. Sein Arzt konnte nicht verstehen, wie es möglich war, dass Jack so leicht sterben konnte. Ich erzählte ihm von unserem Gespräch am Abend zuvor, und erklärte ihm, wie seine neuen Erkenntnisse und die Gegenwart seiner Frau dafür gesorgt hatten, dass er sanft, geborgen und in Frieden sterben konnte.

Mark

*„Da ist es. Ich kann es sehen.
Es ist wundervoll."*

Mark war siebenundvierzig und ein gut aussehender Mann. Er litt an Bauchspeicheldrüsenkrebs, der innerhalb kürzester Zeit in den Magen und die Leber gestreut hatte. Mark war sein Leben lang ein kontaktfreudiger und sportlicher Mensch gewesen und führte eine glückliche Ehe. Die schlimme Diagnose war für beide ein großer Schock. In nur wenigen Wochen hatte er extrem viel Gewicht verloren und würde nicht mehr lange leben.

Das Ehepaar lebte in einer wunderschönen Eigentumswohnung, mit Blick auf einen Golfplatz, der von kleinen Teichen und Palmen umgeben war. Mark wusste, dass er bald sterben würde, doch sein Arzt, zu dem er eine sehr enge und vertrauensvolle Beziehung hatte, überlegte, ob er Mark einer zusätzlichen Operation unterziehen sollte, um sicherzugehen, dass er keinen Abszess im Unterleib hatte. Mark war schließlich noch so jung, und es konnte doch nicht sein, dass es nichts gab, das er für ihn tun konnte! Während eines nächtlichen Gesprächs mit seinem Arzt fragte ich ihn schließlich, ob er Mark und seine Frau zu Hause besuchen könnte. Da er ganz in der Nähe wohnte – nur drei Straßen entfernt –, willigte er in meinen Vorschlag ein.

Noch am gleichen Abend fuhr er nach Dienstschluss zu Mark und verbrachte einige Zeit mit ihm und seiner Frau. Unmittelbar danach rief er mich an und sagte mir, dieser Besuch sei das Wichtigste gewesen, was er für Mark tun konnte, und er war so froh, dass er hingefahren war. Er hatte ihn in seiner schönen, vertrauten Umgebung gesehen, schmerzfrei und bereit zu sterben. Auch für Mark war dieser Besuch sehr wichtig, denn sein Arzt war ihm zum Freund geworden, und dies sollte ihr letztes Treffen sein. Es war Zeit, sich zu bedanken und Abschied zu nehmen.

Ich erklärte der jungen Krankenschwester vom häuslichen Pflegedienst, die die Nacht bei Mark verbringen sollte, dass dieser sehr bald sterben würde. Sie sollte nicht überrascht sein angesichts dessen, was ihr vermutlich begegnen würde. Sie gab zu, noch nie zuvor bei einem sterbenden Patienten gewesen zu sein, und hatte ein wenig Angst. Ich versuchte sie so gut wie möglich zu beruhigen, gab ihr meine private Telefonnummer und forderte sie auf, mich jederzeit anzurufen, wenn sie mich bräuchte. Ich rechnete nicht damit, dass Mark die Nacht überlebt.

Um vier Uhr morgens klingelte das Telefon. Mark war gestorben. Ob ich kommen könnte? Marks Frau und die Krankenschwester erzählten mir beide ganz aufgeregt, dass Marks Atmung sich sehr schnell verändert hatte. Seine Augen hatten sich plötzlich geweitet, er hatte sich aufrecht im Bett hingesetzt, seine Arme in die Luft gestreckt und mit einem breiten Lächeln gesagt: „Da ist es. Ich kann es sehen. Es ist wundervoll.“ Dann war er in die Kissen zurückgesunken und gestorben.

Seine Frau war davon überzeugt, dass Mark einen Einblick in den Himmel bekommen hatte, kurz bevor er ihn betrat, und sie war gleichzeitig von Ehrfurcht ergriffen und getröstet bei dem Gedanken an das, was er gesehen hatte.

Mark hatte sehr an seiner Frau und an seinem Leben gehangen und wollte beides nicht verlassen. Doch in den siebenundvierzig Jahren hatte er gut gelebt, besser als viele andere, die mit einem längeren Leben gesegnet sind. In den letzten Tagen und Wochen war er von Menschen, die ihn kannten und liebten, umgeben, und fühlte sich in seiner vertrauten Umgebung geborgen. So konnte er mit Gnade und Würde sterben. Die Tatsache, dass sein Arzt sich bis zum Schluss so intensiv um ihn kümmerte, hatte ihm großen Trost gegeben. Er hatte das erlebt, was man gemeinhin einen „guten Tod“ nennt.

Marian

„Ich habe meine Mutter nie zuvor so friedlich und ruhig gesehen.“

Marian war noch jung, um die fünfzig, sie lebte allein und war unheilbar an Eierstockkrebs erkrankt. Sie wohnte in einem kleinen, überladenen Wohnwagen an einer stark befahrenen Straße und lag in einem Krankenhausbett in der Ecke ihres winzigen Schlafzimmers, als ich sie zum ersten Mal besuchte. Ihr Sohn, der mit einem ärztlichen Attest von der Armee freigestellt worden war, kümmerte sich mit viel Liebe und Zärtlichkeit um sie. Ich erkannte sofort, dass Marian in Kürze sterben würde. Sie litt unter körperlichen und seelischen Schmerzen. Während meines halbstündigen Besuchs öffnete sie nicht ein einziges Mal die Augen, und ihre bleichen Hände umfassten krampfhaft das Bettgestell. Ich fragte ihren Sohn, ob sie einen Seelsorger oder Priester wünschte, aber er schüttelte den Kopf. „Sie ist katholisch erzogen worden“, sagte er, „doch sie war mehrmals verheiratet. Sie will jetzt keinen Prediger oder Priester, sie möchte nur die letzte Ölung, bevor sie stirbt.“ Doch Gott wollte offenbar mehr für sie.

Ich saß allein mit Marian in der winzigen Ecke ihres Wohnwagens und erklärte ihr, dass Gott im Himmel einen Platz für sie vorbereitete. Ich sagte ihr, dass Gott sie sehr liebte und wollte, dass sie zu ihm nach Hause kam und sich in seinen Armen geborgen fühlte. Ich erzählte ihr die Geschichte vom guten Hirten und wie er alle seine Schafe mit der gleichen Liebe liebte, auch diejenigen, die sich eine Zeit lang von ihm entfernt hatten. Ich erinnerte sie daran, dass wir alle während unseres Lebens dann und wann vom Weg abkommen, doch dass Gott uns immer wieder nachgeht. Wir sind alle dieses eine Schaf, das er nie aus dem Blick verliert, und ich habe so oft gesehen, wie weit er geht, um uns dabei zu helfen, den Weg zurück zu ihm zu finden.

Ich erzählte Marian, dass ich einen wundervollen Freund hatte, einen katholischen Priester, der sie gern besuchen würde, wenn sie das wünschte. Ich versuchte sie auf jede mir mögliche Weise zu trösten und von Gottes Liebe und Annahme zu überzeugen. Sie ließ mit keiner Geste und keinem Ton erkennen, ob sie mir zugehört hatte. Ihre Augen blieben geschlossen und ihre Hände weiter um das Bettgestell geklammert.

Ich ließ Schmerzmittel da und erklärte ihrem Sohn, wie er sie verabreichen sollte. Ich versicherte ihm, dass ich bald anrufen würde, um mich nach Marians Zustand zu erkundigen, und sagte ihm, er könne mich jederzeit über mein kleines Funkgerät erreichen.

Zwei Stunden später, als ich gerade dem Begräbnis eines anderen Patienten beiwohnte, erhielt ich einen Anruf von Marians Sohn. „Haben Sie meiner Mutter gesagt, dass Sie einen katholischen Priester kennen, der sie besuchen würde?“, fragte er. „Sie möchte ihn jetzt gern sehen.“

Nach der Trauerfeier bat ich Vater Seamus O'Flynn, zu Marian zu gehen. Er sagte eine Verabredung zum Mittagessen ab und fuhr sofort zu ihr. Drei Stunden später rief Marians Sohn an und erzählte mir, er habe seine Mutter ihr Leben lang nie so ruhig und friedlich erlebt wie jetzt. „Sie sieht so schön aus“, sagte er, „so schön, und sie lächelt.“ Gott wollte Marian offenbar wissen lassen, wie sehr er sie liebte, und er hatte seinen sanften, freundlichen Priester gesandt, um ihr dies zu sagen. Es war ein großes Geschenk für sie, und ein noch größeres für ihren Sohn, der zum ersten Mal in seinem Leben Zeuge der heilenden Gnade Gottes war. Wir blieben noch mehrere Jahre nach Marians Tod in Kontakt, und er sprach oft über den Besuch des Priesters an jenem Nachmittag und wie er sich auf das Befinden seiner Mutter ausgewirkt hatte. Er sagte, sein eigenes Leben sei dadurch sehr verändert worden.

Marian starb an jenem Abend auf sehr friedliche Weise, an der Seite ihres Sohnes, und im vollen Bewusstsein, dass Gott sie liebte und ihr einen Platz im Himmel bereithielt.

Lennie

„Wenn meine Zeit gekommen ist, sagen Sie mir dann Bescheid?“

Lennie war Mitte fünfzig und litt an Darmkrebs. Er und seine Frau lebten mit ihren drei noch kleinen Söhnen in ärmlichen Verhältnissen auf dem Land. Seine Angehörigen hingen sehr an ihm und kümmerten sich liebevoll um ihn. Seine Familie war sein Ein und Alles.

„Bitte helfen Sie mir, so lange wie möglich zu leben und bis zu meinem Tod so viel wie möglich zu tun“, sagte er. „Und wenn meine Zeit gekommen ist, sagen Sie mir dann Bescheid?“ Ich versicherte ihm, dass ich alles mir Mögliche für ihn und seine Familie tun würde, und dass ich ihm auch sagen würde, wenn seine Zeit gekommen sei.

Lennies Zustand verschlechterte sich ziemlich schnell. Er aß immer weniger und schlief immer mehr, doch seine Schmerzen konnten wirksam gelindert werden, was für ihn und seine Familie wichtig war. Er war so wach und dynamisch, wie es angesichts seiner schweren Krankheit möglich war, und jeder Tag, der ihm blieb, hielt glückliche Momente für ihn bereit.

Er verbrachte viel Zeit mit jedem seiner Söhne, sprach und lachte stundenlang mit ihnen, und zusammen mit seiner Frau überlegte er, wie sie und die Kinder nach seinem Tod am besten zurechtkommen würden.

Lennie hatte mir hinsichtlich seiner Kinder seine größte Sorge gestanden: „Ich will nicht, dass das letzte Bild, das sie von mir in Erinnerung behalten, das ist, wie ich tot auf einer Bahre aus dem Haus getragen werde. Ich wäre so dankbar, wenn Sie an dem Tag, an dem Sie mit meinem Tod rechnen, alles dafür arrangieren würden, dass ich im Krankenhaus sterben kann." Ich versprach ihm, das zu tun.

Eines Morgens, als ich Lennie zu Hause besuchte, erkannte ich, dass seine Zeit gekommen war. „Der Moment ist jetzt da. Wir sollten ins Krankenhaus gehen", sagte ich ihm. Er schenkte mir ein sanftes Lächeln. Er war bereit. Seinen Söhnen sagte er, er müsse für eine Weile ins Krankenhaus, und sie könnten ihn dort später am Tag besuchen. Sie begriffen nicht, dass ihr Papa nicht mehr nach Hause kommen würde; doch die Tapferkeit und Selbstlosigkeit dieses Mannes, der nur an seine Kinder dachte, hat sich für immer in meine Seele eingebrannt. Es gab keine Zeit zu verlieren.

Nach einer hastig absolvierten Beingymnastik waren wir in der Lage, ihn ins örtliche Krankenhaus zu bringen. Dort saß er nun aufrecht im Bett, schwach, aber mit einem Lächeln auf den Lippen. Er bat darum, jeden seiner Söhne einzeln zu sehen und danach allein mit seiner Frau sprechen zu können. Die Kinder betraten einer nach dem anderen sein Zimmer. Jedem von ihnen erklärte er behutsam, dass er fortgehen würde, in den Himmel, an den sie alle glaubten. Dann teilte er ihnen mit, was er von jedem Einzelnen erwartete. Er sprach mit seinen Söhnen über ihre Zukunft, als ob er selbst ein Teil davon wäre, und versicherte ihnen, dass er über sie wachen werde – auch darüber, dass sie eines Tages zu jungen Männern heranwachsen würden. Es verschlug mir beinahe den Atem, die kleinen Gesichter der Jungen zu sehen und diese bedeutungsschweren Worte zu hören, die ihr Vater so tapfer aussprach.

Als er mit den Kindern gesprochen hatte, bat Lennie mich, ihn mit seiner Frau allein zu lassen. Die Kinder blieben still draußen vor der Tür sitzen. Durch die geöffnete Tür sah ich die beiden noch kurz aneinandergeschmiegt; das war mein letzer Eindruck von ihnen. Er starb eine Stunde später in ihren Armen.

Lennie war im wahrsten Sinne des Wortes ein *Vater*. Er kümmerte sich sehr fürsorglich um seine Kinder, und es war nur natürlich, dass er spürte, dass er immer ein Teil ihres Lebens bleiben würde. Jeden seiner Söhne kannte er durch und durch, und er sprach kurz vor seinem Tod auf eine Weise mit ihnen, die diese Vertrautheit widerspiegelte. Was er tat und wie er es tat, war ein Zeichen für die Qualität ihrer Beziehung zueinander, und ich bin sicher, dass jeder der drei Kinder bis heute genauestens in Erinnerung behalten hat, was ihr Vater ihnen auf dem Sterbebett gesagt hat.

Jackson

„Wissen Sie eigentlich, wie sehr Gott Sie liebt?"

Jackson war vierundsechzig Jahre alt, sah allerdings wie ein Neunzigjähriger aus. Er war ein alter Seebär, zahnlos und ungepflegt, und seinen eigenen Worten zufolge hatte er den größten Teil seines Lebens „Wein, Weib und Gesang" geliebt. Nun, jetzt, wo er im Sterben lag, bat er eine seiner Exfrauen, zu ihm nach Hause zu kommen und sich bis zu seinem Tod um ihn zu kümmern. Jedes Mal, nachdem ich Jackson besucht hatte, bat ich Gott, mich nie in eine Situation kommen zu lassen, wie Jacksons Exfrau sie erlebte. Ich bezweifelte, ob ich so gut damit umgehen könnte wie sie.

Als ich Jackson zum ersten Mal besuchte, bekannte er mir alle seine Sünden im Detail, und ich gebe zu, dass ich auf das meiste davon gut und gern hätte verzichten können. Alles breitete er mit großer Demut und Ehrlichkeit vor mir aus. Er hatte offenbar das Bedürfnis, jemandem zu erzählen, wie sein Leben gelaufen ist, was er getan und im Einzelnen „verbrochen" hatte. Sein Gesicht und seine Worte verrieten großen Kummer und tiefe Reue, und das berührte mich sehr. „Wissen Sie eigentlich, wie sehr Gott Sie liebt?", fragte ich ihn, als er seine Bekenntnisse beendet hatte. „Wissen Sie, dass er Ihnen alle Sünden vergibt, wenn Sie sie bereuen und ihm das sagen?"

Er streckte seine schwachen, verwelkten Arme in die Luft und sagte laut: „Ja, ich glaube das!“ Ich war überrascht und beeindruckt angesichts der Kraft und der Überzeugung, mit denen er diese Worte aussprach. Als Jesus einmal von einem Mann sprach, der einen größeren Glauben besaß als alles, was er in Israel gesehen hatte, dann könnte er möglicherweise auch diesen Mann gemeint haben. Ich denke, dass es diese Art von Glauben war, die ich hier zu Gesicht bekam.

Jackson wusste, was Vergebung aus Gottes Sicht bedeutete. Er hatte verstanden, dass wir uns den Himmel nicht verdienen können, sondern nur dahin gelangen, weil Jesus für uns gestorben ist und uns liebt. Er wusste, dass Vergebung in dem Moment beginnt, in dem wir unsere Sünden erkennen und sie bereuen.

Wenig später starb Jackson ruhig und friedlich. Er war allein, aber geborgen in den Armen seines himmlischen Vaters, dessen Liebe und Vergebung er voll Vertrauen in Anspruch genommen hatte.

Der reuige Seemann dachte keineswegs, dass Gott mal eben so ein Auge zudrückt. Er war nach eigener Einschätzung ein großer Sünder, aber er hatte begriffen, dass Gottes Liebe größer war als seine Schuld. Seine demütige Haltung ermöglichte es ihm, seine Sünden zu bekennen, Gottes Vergebung anzunehmen und in Frieden zu sterben.

Die Lektionen, die wir von denen lernen, denen wir dienen, sind von großer Bedeutung, und sie begleiten uns ein Leben lang. Das, was ich von Jackson gelernt habe, kann ich am besten in folgende Worte fassen: „Je größer die Sünde ist, desto gnädiger ist Gott.“

Hank

„Sie haben mir nichts gesagt, nicht wahr? Wie konnten Sie es für sich behalten?"

Hank war Anfang siebzig. Er lebte mit seiner Frau, die in den Vierzigern war, zusammen und war unheilbar an Lungenkrebs erkrankt. Ihr einziges Kind saß wegen eines besonders abscheulichen Mordes hinter Gittern, und obwohl wir alles versuchten – wir schrieben oder trafen uns mit Kongressabgeordneten, Geistlichen, Aufsehern und örtlichen Beamten – würde Hank seinen Sohn Shawn nie wieder sehen.

Jedes Mal, wenn ich Hank besuchte, sagte er: „Ich werde nicht sterben, bevor ich Shawn gesehen habe. Wissen Sie, ich muss ihm einiges sagen und ihm auch ein paar Fragen stellen."

Ich betete intensiv, dass irgendetwas geschehen würde. Ich bat Gott, für diesen Vater und seinen Sohn einzugreifen und Hank Frieden zu schenken, bevor er starb. Ich flehte um ein Wunder, damit die beiden sich sehen könnten, aber ich hatte keine Ahnung, wie dieses Wunder aussehen sollte, da scheinbar alle Möglichkeiten ausgeschöpft waren.

Es war an einem Donnerstagnachmittag, als ich bei Hank und seiner Frau vorbeifuhr. Hank lag mittlerweile im Sterben. Aber trotz seiner Schwäche zog sich ein wundervolles, breites Lächeln über sein Gesicht. „Sie haben mir nichts gesagt, nicht wahr?“, sagte er mit glänzenden Augen, als ich den Raum betrat. „Wie konnten Sie es für sich behalten?“ Ich überlegte blitzschnell und lächelte zurück: „Nein, ich habe es Ihnen nicht verraten.“ Er klopfte mit der Hand auf den Rand seines Bettes, damit ich mich dort hinsetzte und ihm zuhörte.

„Shawn kam heute vorbei, um mich zu besuchen“, sagte er. „Er blieb ungefähr eine Stunde. Er sah wundervoll aus.“ Er zeigte auf die Stelle, an der Shawn gesessen hatte, und erzählte in allen Einzelheiten, was Shawn getragen und wie er ausgesehen hatte. Hanks größtes Anliegen war, seinen Sohn wissen zu lassen, dass er ihn liebte und ihm alles vergeben hatte. Außerdem wollte er ihn bitten, mit seiner Mutter in Kontakt zu bleiben, sie anzurufen und sie zu lieben, auch wenn er den Rest seines Lebens im Gefängnis verbringen würde. Shawn hatte sich einverstanden erklärt und seinem Vater versprochen, sich bestmöglich um seine Mutter zu kümmern. Hank schien das alles ganz natürlich zu finden, und er erklärte es mit ganz einfachen Worten. Es war ein großer Trost für ihn, seinen Sohn gesehen und dessen Versprechen gehört zu haben. Ich habe im Laufe der Jahre sehr oft erlebt, mit welcher Gewissheit und Selbstverständlichkeit solche unerklärlichen Erfahrungen durchlebt werden, und jedes Mal bin ich zutiefst davon beeindruckt. Hanks Frau konnte einfach nicht glauben, dass Hank wirklich davon überzeugt war, Shawn gesehen zu haben, und dass er jedes einzelne Detail seines Besuchs beschreiben konnte.

Der Pastor der Methodistengemeinde, der Hank später am Nachmittag besuchte, erklärte uns, dass bei Gott nichts unmöglich ist. Er erinnerte uns an die Geschichte, die davon berichtet, dass Jesus nach seiner Auferstehung den Raum betreten hatte, in dem die Jünger versammelt waren, ohne eine Tür geöffnet zu haben. Warum stellten wir also seine Fähigkeit infrage, Hank eine wie auch immer geartete Erfahrung machen zu lassen, die es ihm erlauben würde, in Frieden aus dem Leben zu scheiden und nach Hause zu seinem himmlischen Vater zu kommen? Am folgenden Abend starb Hank glücklich und dankbar.

Merideth

„Ich kann erst sterben, wenn ich Walter gesehen habe."

Merideth war erst vierundfünfzig und an Gebärmutterhalskrebs erkrankt, der weitläufig gestreut hatte. Ihr Zustand verschlechterte sich rapide. Nach der Scheidung von ihrem Ehemann, der sie nach zwanzig Ehejahren mit ihrer besten Freundin und Nachbarin betrogen hatte, hatte sie ihre vier Kinder allein großgezogen.

Eigentlich hätte Merideth bereits tot sein müssen. Ihr behandelnder Arzt sagte: „Sie ist nur noch Haut und Knochen. Aber sie kann einfach nicht loslassen. Sie müssen versuchen herauszufinden, was sie noch hier hält." Es war ein Segen für sie, dass sie von einem Arzt behandelt wurde, der sich nicht nur um ihren Körper kümmerte, sondern auch ein Empfinden für ihren seelischen und geistlichen Zustand hatte. Er wusste, dass ihre Zeit gekommen war, und wünschte sich für sie, dass sie in Frieden sterben konnte.

Es blieb nicht mehr viel Zeit, um herauszufinden, was Merideth noch festhielt, doch nach einem kurzen Gespräch mit ihren Kindern begann ich zu begreifen. Merideth hatte schon vor langer Zeit ihrem Mann, der ihr und ihren Kindern so großen Schmerz zugefügt hatte, vergeben. Doch sie hatte es ihm nie persönlich sagen können. Sie kannte ihn gut und wusste, dass er ohne ihre Vergebung niemals imstande sein würde, sich selbst zu vergeben. Sie wollte nicht, dass er nach ihrem Tod dazu verdammt wäre, sich bis an sein Lebensende schuldig zu fühlen, keinen Frieden zu finden und somit auch nicht der Vater sein zu können, den ihre Kinder brauchten. „Nein", sagte sie, „ich kann nicht sterben, bevor ich Walter gesehen habe. Ich kann einfach nicht."

Wir mussten dafür sorgen, dass dies geschah, und zwar so schnell wie möglich.

Nach zahlreichen Versuchen erreichte ich Walter schließlich eines Nachmittags am Telefon. Ich erklärte ihm, wie es um Merideth stand und dass sie ihn unbedingt so schnell wie möglich sehen musste. Er nahm das nächste Flugzeug und war noch am gleichen Abend bei ihr.

Merideth und Walter blieben mehrere Stunden allein. Später erzählte er uns von ihrem Gespräch – dass sie ihm schon vor langer Zeit vergeben hatte und ihm dies nun auch direkt sagen wollte. Und dass sie wollte, dass er sich selbst ebenfalls vergeben konnte. Merideth wusste, dass dies nicht einfach für ihn sein würde. Aber sie war überzeugt davon, dass er für ihre erwachsenen Kinder ein besserer Vater sein würde, wenn er es schaffte, sich selbst zu verzeihen. Sie wünschte sich so sehr, dass ihre Kinder ihren Vater kannten und liebten, und ihrer Meinung nach war Vergebung der einzige Weg dahin.

Ja, Merideth hätte sich auch dazu entschließen können, all die Jahre ihrem Mann gegenüber Groll zu hegen und unversöhnlich zu bleiben. Doch sie hatte eine andere Wahl getroffen und sich selbst dadurch befreit. Jetzt, wo sie im Sterben lag, wollte sie sichergehen, dass auch Walter diese Befreiung erfuhr, um seine Kinder lieben zu können und von ihnen geliebt zu werden.

In der Abgeschiedenheit dieses Schlafzimmers vergaben sich die beiden alles, was zwischen ihnen vorgefallen war. Sie beschenkten sich mit diesem letzten Geschenk des Friedens, sodass Merideth noch in der gleichen Nacht friedlich sterben konnte, an der Seite von Walter und ihren Kindern.

Ralph

„Meine Frau wollte immer,
dass ich mit ihr zur Kirche gehe,
aber ich habe es nicht getan.
Ich war einfach dickköpfig."

Ralph war ein bärbeißiger, vierundsiebzig Jahre alter Mann, der an Lungenkrebs litt. Seine Frau und seine beiden Söhne liebten ihn sehr, doch er selbst war nie wirklich in der Lage gewesen, ihnen seine Zuneigung zu zeigen. Er hatte sich stets um ihre materiellen Bedürfnisse gekümmert, doch ihnen nie die Liebe zeigen können, die man normalerweise von einem Vater und Ehemann erwarten würde.

In dieser Familie herrschte eine Einsamkeit, die man in jedem Winkel des Hauses spüren konnte – eine unausgesprochene Traurigkeit und das Gefühl, dass die Menschen, die hier lebten, einander nie wirklich nahegestanden, sondern einfach nur unter dem gleichen Dach gelebt hatten. Jetzt bemühten sich alle nach Kräften, irgendwie zueinander zu finden, um diese Zeit der Krankheit gemeinsam so gut wie möglich zu bewältigen.

„Sind Sie religiös?", fragte Ralph mich eines Tages, als ich ihn zu Hause besuchte. Zu diesem Zeitpunkt waren wir bereits gute Freunde.

„Nun“, sagte ich, „wenn Sie damit meinen, ob ich jeden Sonntag in die Kirche renne und mich wie ein Musterkind benehme, dann bin ich hoffentlich nicht religiös. Aber wenn Sie damit meinen, ob ich Gott liebe, an ihn glaube und davon überzeugt bin, dass er mich kennt und liebt – ja, dann sage ich Ja.“

Diese Antwort schien ihm zu gefallen. „Meine Frau wollte immer, dass ich mit ihr zur Kirche gehe und all die kirchlichen Aktivitäten mitmache“, sagte er, „aber das war nichts für mich. Ich war einfach dickköpfig, glaube ich, und ich wollte nicht darauf eingehen und das machen, was sie wollte.“ Ralph war dabei, sein Leben Revue passieren zu lassen: zu überdenken, was er gut und was er weniger gut gemacht hatte, welche Entscheidungen er getroffen hatte, und wie er die Bedürfnisse der Menschen, die ihm nahestanden, erfüllt hatte. Er war nicht wirklich zufrieden mit dem, was er da sah, und er war sehr aufrichtig zu sich selbst. Welche Antworten gab es jetzt für ihn?

Wir sprachen viele Stunden über Gott – darüber, wer er war, warum er uns erschaffen hat, warum er uns liebt und wohin wir nach dem Tod gehen. Ralph, ein Mann, der nie viel von sich preisgegeben hatte, suchte nun nach ehrlichen Antworten. Er wollte verstehen, warum er sich in seinem Leben so und nicht anders verhalten hatte, ohne seine Fragen genau formulieren zu können. Wie so viele Menschen hatte er nie begriffen, was bedingungslose Liebe ist, und er konnte nicht begreifen, dass Gott ihn mit all seinen Fehlern und Mängeln liebte.

Der Gedanke, dass es einen „Schöpfer“ gab, gefiel ihm allerdings. Er fand die Vorstellung, dass es jemanden gab, der sich um alles kümmerte und dafür verantwortlich war, ausgezeichnet. Doch so sehr er sich auch bemühte, fand er es äußerst schwierig, sich einen Gott vorzustellen, der ihn persönlich und ohne Vorbehalte liebte. Ralph erzählte mir, er habe eine solche Liebe nie erfahren, als er jung war, und sei nie dazu fähig gewesen, seiner eigenen Familie ein solches Maß an Liebe zu geben oder von ihr zu empfangen. Diese fehlende Liebe hatte zu einer großen Traurigkeit, Einsamkeit und zu vielen Missverständnissen zwischen ihm und seinen Kindern sowie seiner Frau geführt. Jetzt, auf dem Sterbebett, empfand er dieses Problem als schwere Last.

Wir sprachen darüber, dass Gott Jesus, seinen eingeborenen Sohn, in die Welt gesandt hatte, um uns den Weg zu ihm zu bahnen. Für Ralph war dies eine ganz neue Sichtweise, doch nach einer gewissen Zeit gelang es ihm, sie sich zu eigen zu machen. Zu diesem Zeitpunkt war er anscheinend so offen, echte Liebe anzunehmen, dass er mit ausgebreiteten Armen diese neue Erkenntnis in sich aufnahm. Die innere Leere, die Ralph in sich gespürt hatte, trieb ihn in einen bis dahin ungekannten Frieden; und diesen Prozess hat der heilige Augustin einmal so in Worte gefasst: „Du, Herr, hast uns zu dir hin geschaffen, und unruhig ist unser Herz, bis es Ruhe findet in dir."

Eines Tages entdeckte ich beim Einkaufen ein Bild, auf dem Jesus mit ausgestreckten Armen dargestellt wurde. Man konnte sehen, wie er durch die Wolken geht und jemanden im Himmel begrüßt. Ich kaufte dieses Bild für Ralph, und er bat mich, es neben seinem Bett an die Wand zu hängen, sodass er es sehen konnte, wenn er den Kopf drehte. Das Bild schien ihn sehr zu trösten. Mehr und mehr schien er die Bedeutung von wahrer Liebe und echtem

Leben zu begreifen; und seine Familie und er verbrachten viel Zeit miteinander. Ralph genoss es besonders, seine Enkel um sich zu haben. Die Kommunikation mit seinen Söhnen blieb weitgehend schwierig, doch er strahlte einen Frieden aus, den sie nie zuvor bei ihm wahrgenommen hatten. Kurze Zeit später starb er friedlich; seine Familie saß zu diesem Zeitpunkt im Raum nebenan. So war es sein Leben lang gewesen: Er hielt ein Stück Distanz zu seinen Angehörigen, war aber zugleich in ihrer Nähe.

Ralph hatte seine Familie sehr geliebt, doch er konnte nicht auf Erfahrungen oder Erinnerungen zurückgreifen, die es ihm ermöglicht hätten, diese Liebe auch erkennbar auszuleben. Dazu sind meist enorm viel Liebe und Vergebungsbereitschaft nötig. Doch Gott blieb bis zum Ende in Ralphs Nähe und gab ihm die Möglichkeit, zum ersten Mal in seinem Leben eine Ahnung davon zu bekommen, was bedingungslose Liebe ist. So entdeckten seine Angehörigen in seinen letzten Tagen eine Seite an ihm, die sie nie zuvor an ihm gesehen hatten. Ihre Herzen wurden von der Härte befreit, die sie womöglich für den Rest ihres Lebens mit sich getragen hätten. Was wir zu lernen haben, steht immer auf beiden Seiten der Medaille.

Carl

„Bald wirst du bei Jesus im Himmel sein."

Carl war siebenundsiebzig Jahre alt und lebte mit seiner dritten Ehefrau in einem winzigen Reihenhaus im Randbezirk der Stadt. Er war an Leber- und Magenkrebs erkrankt und würde irgendwann daran sterben, doch vom ersten Augenblick an hatte ich den Eindruck, dass er in der Zeit, die ihm verblieb, eine wichtige Mission verfolgte. Es war die Zeit um *Thanksgiving*, und es war offensichtlich, dass er diese Jahreszeit liebte. Bis zum letzten Atemzug wollte er für alles, was das Leben bereithielt, offenbleiben.

Carl war ein tief geistlicher Mensch. Dennoch hatte er seinen Glauben vor vielen Jahren aufgegeben und war seitdem nicht mehr in eine Kirche gegangen. Doch er hörte nicht auf, die Gebete zu sprechen, die ihm aus seiner Kindheit vertraut waren. Er wollte gern wieder zum Glauben zurückfinden, doch er schien den Weg nicht zu finden. Tief in sich spürte er den Wunsch, sicher nach Hause zu kommen, und suchte intensiv eine Möglichkeit, Trost bei dem Gott zu finden, von dem er wusste, dass er ihn nie aufgegeben hatte und nie aufgeben würde. Was konnte nun geschehen? Wie würde Gott Carl zu dem Frieden und der Sicherheit verhelfen, nach der er sich so sehr sehnte?

Es wurde Dezember, und die *Living Nativity* – ein Krippenspiel, das jedes Jahr in meiner Kirche aufgeführt wird – steckte in den letzten Vorbereitungen. „Würden Sie gern kommen und sich das Stück ansehen?“, fragte ich Carl eines Nachmittags. Es war wenige Tage vor dem Beginn der Aufführung. „Mal sehen“, sagte er. „Mal sehen.“ Er brauchte Zeit, um darüber nachzudenken und die Kraft zu sammeln, die er benötigte, um sich aufzumachen.

„Können Sie kommen und mich abholen?“, fragte er am Abend der Aufführung, etwa eine Stunde vor Beginn. Ich fuhr in Windeseile zu ihm nach Hause, und mithilfe seiner Frau verschnürte ich ihn wie ein Paket: Über seinen Schlafanzug zogen wir ihm seinen Bademantel und darüber einen Wollmantel, bevor er in mehrere dicke Decken eingehüllt wurde. So fuhren wir zur Kirche; es hatte gerade leicht zu schneien begonnen. Wir bugsierten seinen schmächtigen Körper aus dem Wagen und setzten ihn behutsam vor die Bühne, wo Freunde meiner Kirche einen Ehrenplatz für ihn bereitgehalten hatten. Die Dämmerung setzte langsam ein, es schneite noch immer, und die Musik begann zu spielen. Carl sah den Schauspielern, die Maria, Josef und die Hirten spielten, direkt in die Augen. Sie wiederum schienen ihn direkt anzusehen, und er lehnte sich nach vorn, damit ihm auch nicht das kleinste Detail entging. Er verfolgte den Auftritt der drei Weisen aus dem Morgenland und all der kleinen Kinder, die als Engel verkleidet waren. Carl saß unbeweglich auf seinem Stuhl. Die Tränen strömten über seine Wangen, als der Chor „Stille Nacht“ und „Ihr Kinderlein, kommet“ sang. Carl war wie verwandelt.

Ein wundervoller Friede kam über ihn, und er sah jedem neuen Tag mit Ruhe und Gelassenheit entgegen. Eines

Nachts bat er mich, einen Priester kommen zu lassen. Er fragte mich, ob er wohl sofort kommen könnte. Ohne zu zögern machte sich mein Freund Vater O'Flynn mitten in der Nacht auf den Weg. Noch nie hatte er Erklärungen benötigt; ich brauchte ihn nur zu fragen und ihm den Weg zu weisen.

Um drei Uhr morgens – seine Familie saß im Nebenraum – erzählte Carl dem Priester von seinem Leben, was er gut gemacht und wo er versagt hatte. Als das Gespräch beendet war, bat der Priester Carls Angehörige, ins Zimmer zu kommen. Er legte seine Arme um Carl und half mir, ihn im Bett aufrecht hinzusetzen. Dann sagte er: „Carl, du wirst bald bei Jesus im Himmel sein. Ich weiß, dass ich dich dort eines Tages wiedersehen werde."

Es war ein beinahe unwirklicher Moment. Niemand bewegte sich, niemand wagte zu atmen. Es war ein Moment des Trostes und der Heilung für alle – eine echte Begegnung mit Jesus.

Carl starb in dieser Nacht. Er sah Stunden vor seinem Tod so aus, als sei er bereits im Himmel.

All die Gebete, die Carl jahrelang gesprochen hatte, waren nicht umsonst gewesen. Gott, der ihn geschaffen hatte und liebte, hatte von ihnen Notiz genommen. Wer hatte dafür gesorgt, dass das Krippenspiel an jenem kalten Dezemberabend Carls Herz berühren und ihn trösten würde? Wie sind der Trost und die Geborgenheit zu erklären, die die Worte des Priesters an jenem Morgen bei ihm und seinen Angehörigen ausgelöst hatten? Wer, wenn nicht Gott, würde solche Möglichkeiten ergreifen, um seine Kinder mit Liebe zu überschütten?

Louis

„Er sieht nicht mehr wie Papa aus.“

Louis war erst einundvierzig, als er im Sterben lag. Er war der Sohn von Robert, über den ich in einer der vorherigen Geschichten berichtet habe und der vor mehr als achtzehn Jahren mein Patient gewesen war. Louis war geschieden und zog seine dreizehnjährige Tochter allein auf. Er war an der gleichen Form von Lungenkrebs erkrankt, wie sein Vater vor ihm.

Louis machte sich viele Sorgen. Wo würde er sterben? Was würde nach seinem Tod mit seiner Tochter geschehen und wie sollte er die Dinge bis zu seinem Tod managen?

Seine Angehörigen bestanden darauf, dass er nicht länger allein blieb; seine Mutter und sein Bruder sollten zu ihm ziehen und sich zusammen mit Louis' Tochter um den schwer kranken Vater kümmern. Es wurden auch schon Vorbereitungen dafür getroffen, dass das Mädchen von ihrem Lieblingsonkel adoptiert werden konnte. Soweit war die Situation geklärt und die bestmögliche Lösung gefunden.

Louis' Zustand verschlechterte sich rasch, doch niemand wusste, wie man mit der 13-Jährigen darüber sprechen sollte, was hier vor sich ging. Sie wusste, dass ihr Vater sterben würde, und sprach oft und ausführlich mit ihrem Schulpsychologen darüber, doch zu Hause fiel es ihr sehr schwer, ihre Gefühle zum Ausdruck zu bringen. Schließlich gelang es den Menschen, die ihr am nächsten standen, sie davon zu überzeugen, dass sie ihre Ängste, Gedanken und Empfindungen mit ihrem Onkel, ihrer Großmutter und allen, die sich um ihren Vater kümmerten, teilen musste.

„Er sieht nicht mehr wie Papa aus“, sagte sie eines Tages weinend. „Er kann nichts mehr so tun wie früher. Es ist so traurig!“ Sie war an einen starken Vater gewöhnt, der alles im Griff hatte, und es war unendlich schwer für sie, ihn jetzt so schwach zu erleben. Die Veränderungen waren so dramatisch, dass der 13-Jährigen wenig Zeit blieb, das Ganze zu begreifen, geschweige denn auszudrücken, was sie empfand. Als sie schließlich in der Lage war, Worte zu finden, sagte sie ihrem Vater, wie sehr sie ihn liebte, wie sehr sie ihn vermissen würde, und dass sie wusste, dass sie ihn eines Tages im Himmel wiedersehen würde. Der Schmerz, ihren Vater so zu sehen, war fast unerträglich für sie.

Eines Morgens rief Louis' Bruder mich sehr früh an. „Irgendetwas ist anders“, sagte er. „Könnten Sie wohl vorbeikommen?“ Als ich bei ihnen ankam, saß Louis in seinem Lieblingsstuhl im Wohnzimmer. Er sprach gerade mit seiner Tochter, die im Begriff war, zur Schule aufzubrechen. Sie hatte sich zu ihm herabgebeugt, umarmte und küsste ihn. Mit Augen voller Liebe sah er sie an, und er wusste genau, dass er sie zum letzten Mal so sah. Er schaute ihr nach, als sie sich umdrehte und zum Abschied winkte.

Louis' Mutter ging anschließend ins Obergeschoss, um zu duschen, und sein Bruder fuhr zur Apotheke, sodass ich mit Louis allein war. Er sprach über seine Krankheit, was sie aus ihm gemacht hatte, und wie seltsam es war, dass er die gleiche Krankheit hatte wie sein Vater Jahre zuvor. Er sagte mir, wie schnell alles ging und wie dankbar er für die Liebe und Fürsorge seiner Mutter, seines Bruders und seiner Tochter war. Wir sprachen darüber, dass sein Papa auf ihn wartete, und er stellte sich lächelnd vor, wie sein Vater eine lange Standpauke für ihn bereithielt.

Nach einer Weile sagte Louis: „Bitte helfen Sie mir, zur Tür zu gehen." Er stand rasch auf und bewegte sich auf die Haustür zu. „Nein, nein, nicht diese Tür", sagte er plötzlich und ging zu seinem Stuhl zurück. „Bringen Sie mich zur Toilette", sagte er dann auf einmal und lief so schnell durch den Flur, dass ich Mühe hatte, ihm zu folgen. Im Vorbeigehen griff ich schnell nach einem Kopfkissen, das ich ihm in den Rücken stopfte, als er sich auf den Toilettendeckel setzte. Louis Kräfte ließen sichtbar nach, und ich betete, dass seine Mutter schnell mit der Dusche fertig wäre, um zu ihm zu kommen. Kurz darauf kam sie tatsächlich und begriff sofort, was los war. Sie stand zwischen dem Waschbecken und der Toilette, schlang seine Arme um ihn und hielt ihn ganz fest. In dem Moment ging die Haustür auf und sein Bruder kam herein. Er kniete sich neben ihn. Wir alle wussten, dass es um wenige Augenblicke ging.

„Gott hat dir einen Platz im Himmel vorbereitet", sagten wir ihm. „Du wirst schon etwas davon zu sehen bekommen, bevor du in betrittst." Wir nahmen das Kissen von seinem Rücken und legten es auf seine Knie, als er sich nach vorn zu lehnen begann. Er legte seinen Kopf darauf und sah seinem Bruder direkt in die Augen. Und dann flüsterte er: „Ich kann schon ein bisschen davon sehen." Nur ein paar Sekunden später schloss er die Augen und starb.

Wir standen da und lächelten bei dem Gedanken an seinen Vater, der viel Humor gehabt hatte und seinen Sohn wahrscheinlich mit den Worten begrüßen würde: „Hättest du dir nicht einen würdigeren Platz aussuchen können als die Toilette?“ Wir lachten und weinten zusammen – die Mutter, die ihn so sehr geliebt hatte, der Bruder, der sich so liebevoll um alles gekümmert hatte, und ich, die Pflegerin, die das Vorrecht hatte, diesen wertvollen Moment mit ihnen zu teilen.

Delia

„Du wirst bei mir sein,
wenn meine Zeit gekommen ist;
ich verlasse mich auf dich."

Delias Mann Ralph war vor vielen Jahren einmal mein Patient gewesen. Wir waren nach dessen Tod gute Freunde geworden, und jedes Mal, wenn sie mir schrieb oder mich anrief, sagte sie: „Denk daran – wenn meine Zeit gekommen ist, wirst du bei mir sein. Ich verlasse mich auf dich." Und jedes Mal – ob am Telefon, bei einer Tasse Kaffee oder bei einem Mittagssnack – versicherte ich ihr, dass ich für sie da sein würde, wenn ihre Zeit gekommen wäre.

Delia wurde nun spürbar älter und konnte nicht länger allein zu Hause wohnen. Doch sie hatte einen starken Willen, und ihre Söhne mussten viel Überzeugungsarbeit leisten, bis sie schließlich einsah, dass sie in einem Altenheim besser aufgehoben wäre. Schließlich stimmte sie zu, und ihre Familie besorgte ihr einen Platz in einem sehr schönen, nahe gelegenen Heim mit sehr guter Betreuung, einem wunderschönen Ausblick und der Möglichkeit, neue Freunde zu finden. Schon nach kurzer Zeit war Delia mit ihrer neuen Situation sehr zufrieden und fragte ihre Söhne, warum sie sie nicht schon früher zu diesem Entschluss bewegt hätten. Ich erinnerte sie daran, dass sie ein wenig dickköpfig war und ihre Zeit gebraucht hatte, um für eine Veränderung bereit zu sein. Wenig später erhielt ich einen Anruf von einem ihrer Söhne und hastete zur Intensivstation einer nahe gelegenen Klinik.

Delia hatte entweder einen Schlaganfall erlitten und sich dann beim Hinfallen eine Hüfte gebrochen oder aber sie war zuerst gefallen, hatte sich die Hüfte gebrochen und danach den Schlaganfall gehabt. Es war unmöglich zu rekonstruieren, was genau passiert war, und es wusste auch niemand, wie lange sie auf dem Boden gelegen hatte, bevor man sie fand. Für den nächsten Tag war eine Operation vorgesehen, um die kompliziert gebrochene Hüfte dieser fünfundachtzigjährigen, schmächtigen Frau zu reparieren. Alle wussten, dass der Eingriff riskant war, doch ohne die Operation – so die Ärzte – würde sie keine Lebensqualität mehr zu erwarten haben. Ich glaube, dass Delia etwas ganz anderes im Sinn hatte.

Als ich an jenem Abend ihr Zimmer betrat, drehte sie den Kopf und sah mir mit „wissendem" Blick in die Augen. Für mich war es offensichtlich, dass sie genau wusste, was vor sich ging und was mit ihr passierte. Delia wusste, dass sie im Sterben lag, und sie lächelte, als ich durch das Zimmer lief, neben ihrem Bett stehen blieb und sanft ihren Arm berührte.

„Erinnerst du dich, Delia, was ich dir immer gesagt habe? Dass ich bei dir sein würde, wenn deine Zeit gekommen ist?" Ihre Augen füllten sich mit Tränen und sie nickte. „Nun, dieser Zeitpunkt ist jetzt da. Gott bereitet dich darauf vor, in den Himmel zu gehen, und du wirst Ralph nun sehr bald wiedersehen. Bist du bereit?" Sie nickte zustimmend und ließ mich keinen Moment aus den Augen. „Möchtest du, dass ich mit dir bete?", fragte ich. Sie lächelte, nahm meine Hände in ihre Hände, drückte sie auf ihr Herz und schloss die Augen.

Ich betete, dass Jesus sich ihr offenbarte, dass er seine Arme um sie legte und seinen Heiligen Geist sandte, um sie zu erleuchten und zu trösten. Ich forderte sie auf, ihren Kopf auf seine Schulter zu legen und sich von ihm halten zu lassen. Sie drehte den Kopf und kuschelte ihn in das Kissen, wie es ein Kleinkind im Schoß der Mutter tut. Delia war voller Frieden.

„So süß", murmelte sie, während sie schon fast eingenickt war. „So süß." Delia hatte immer gesagt, dass sie einen geliebten Menschen bei sich haben wollte, wenn sie den Himmel betreten würde. Für mich war es ein wundervolles Geschenk, dass ich mein vor langer Zeit gemachtes Versprechen nun einlösen konnte. Zwei Stunden später betrat Delia still den Himmel und würde keine Operation mehr benötigen.

Gott hatte ein wunderbares Ende inszeniert, indem er ihr Gebet auf so direkte Weise beantwortet hatte. Ihre Söhne, die sie sehr geliebt hatten, waren erleichtert, dass die Operation nicht mehr nötig war und dass ihre Mutter ihren Frieden gefunden hatte. Delia hatte das erlebt, was sie sich stets gewünscht hatte – im Sterben von einem geliebten und vertrauten Menschen begleitet zu werden.

Kathleen

„Gottes Reich ist ganz in meiner Nähe."

Kathleen war zweiundsiebzig und lebte allein. Eine ältere Schwester wohnte in der Nähe und kam täglich vorbei, aufrichtig bemüht, ihre Lebensqualität ein wenig zu verbessern. Kathleen war seit Langem unheilbar krank und hatte schon viel durchgemacht. Obwohl sie erst zweiundsiebzig war, hätte man sie für eine Neunzigjährige halten können, und sie war so abgemagert und schwach, dass sie sich nicht mehr allein bewegen konnte. Bei meinem ersten Besuch sah ich sofort, dass sie nicht mehr lange zu leben hatte, und so ging es mir vor allem darum, ihr die verbleibende Zeit so angenehm und schmerzfrei wie möglich zu gestalten. Innerhalb kürzester Zeit konnten wir alles so arrangieren, das sie noch ein paar ruhige und gute Tage verlebte. Wir wurden sehr schnell Freunde, wie es oft passiert, wenn nur noch wenig Zeit bleibt und Gespräche und das Zusammensein wichtiger sind als alles andere.

Wenn ich einen neuen Patienten kennenlernte, bat ich ihn meistens, mir von seinem Glauben zu erzählen. Es ist sehr bereichernd zu hören, auf welch unterschiedliche Weise sich Gott den Menschen offenbart. Kathleen half mir, den Begriff des „Reiches Gottes", von dem in der Bibel so oft die Rede ist, besser zu verstehen, und zu erkennen, dass er sich sowohl auf das Hier und Jetzt als auch auf den Himmel bezieht. Kathleen wusste um die Kraft des Gebets und der Fürbitte, und war überzeugt davon, dass wir durch das Gebet und die Fürbitte Gottes Reich hier auf der Erde erleben. Ich bat sie darum oft auch, für meine Kinder zu beten, denn als Mutter von vier Söhnen konnte ich jede verfügbare Hilfe gebrauchen. Es war wunderbar zu sehen, dass ein Mensch, der sonst nur noch sehr wenig tun kann, eine Aufgabe hat und mir helfen kann.

Eines Tages, als ich gerade das Zimmer betrat, hob Kathleen ihre dünne, ausgemergelte Hand und lächelte auf eine einzigartige Weise – es war gewissermaßen ein himmlisches Lächeln. Sie sagte: „Trudy, weißt du noch, wie wir über Gottes Reich gesprochen haben? Nun, es ist hier, ganz in meiner Nähe. Ich muss nicht länger warten." Wir ahnten beide, dass Gottes Reich schon da ist, hier auf der Erde, dass wir es in den Menschen finden, die unseren Lebensweg kreuzen, und dass es manchmal der Weg selbst ist, den er uns führt.

Ja, Gottes Reich erleben wir, wenn wir Menschen begegnen, die uns etwas Wichtiges beibringen. Gott heilt unser Herz und unsere Seele durch die Erfahrungen, die wir miteinander machen.

Kathleen starb wenige Tage später. Sie wusste, wohin sie ging, und ich bin dankbar dafür, dass sie mir geholfen hat, Gottes Reich auf ganz neue Weise zu begreifen.

Robin

„So muss Liebe sein, und es muss gut sein."

Robin war vierunddreißig und als Zwillingsbruder durch eine ganz besondere Liebe mit seiner Schwester Melody verbunden. Die beiden Geschwister waren gewissermaßen zwei Hälften eines Ganzen, und oft wussten sie, ohne Worte zu gebrauchen, was der andere dachte, brauchte oder wollte.

Robin war unheilbar an einer sehr aggressiven Art Hautkrebs erkrankt, sein ganzer Körper war mit den bösartigen Melanomen bedeckt. Seine Zwillingsschwester konnte nichts anderes tun als zusehen, weinen und beten. Sie versuchte, all seine Bedürfnisse zu erfüllen, denn es war schließlich ihre andere Hälfte, die so krank war und im Sterben lag.

Robins Vater war ein Jahr zuvor gestorben. Als Robin die Diagnose bekam und erfuhr, dass man nichts für ihn tun konnte, kehrte er in sein Elternhaus zurück, um sich von seiner liebevollen und sich aufopfernden italienischen Mutter pflegen zu lassen. Anita machte keine halben Sachen. Sie hatte einen starken Willen, war tiefgläubig und verfügte über einen Humor und eine Zähigkeit, die man heutzutage selten antrifft. Sie beschloss, alles zu tun, damit Robin die allerbeste Fürsorge erhielt, und verfolgte dieses Ziel mit ihrer entschlossenen, dynamischen Art. Ich hatte schon bald einen Spitznamen für sie: „der eiserne Schmetterling“. Sie hatte gerade erst ihren Ehemann verloren, und ihre Mutter, die Ende achtzig war, benötigte viel liebevolle Aufmerksamkeit und Fürsorge. Nun würde also bald auch ihr geliebter Sohn sterben. Wie kann eine Mutter nur so viel Sorge und Leid verkraften? Ich lernte schon bald, dass ihr ganzes Leben geprägt war von Glauben und Vertrauen in Gottes Liebe und seine Gegenwart. Sie war in gewisser Weise unverwüstlich.

Und mittendrin war Robin, von Schmerzen gezeichnet, aber mit Humor und Zähigkeit ausgestattet. Da er nie geheiratet hatte, sprachen wir oft über die Liebe, was sie ist und was nicht. Er dachte viel darüber nach, und bedingungslose Liebe gehörte zu den Dingen, die ihn stark beschäftigten – wie sonst hätte er ertragen können, was mit ihm geschah?

Als die Schmerzen zunahmen, versuchten wir alles, um Robins Leiden zu lindern. Er war dankbar für die Möglichkeit, sich in Gottes Hände zu legen, und verbrachte viel Zeit im Gebet für andere. Die Kraft solcher Gebete ist immens, und wenn er darüber sprach, auf welche Weise er Gott sein Leiden brachte, war ich von Ehrfurcht erfüllt. Woher kommt ein solcher Glaube, eine solche Liebe?

Pater Bob besuchte ihn auf die Bitte von Robins Mutter hin regelmäßig. Wusste Bob, wie er Robin trösten sollte? Ich glaubte es nicht, denn er war für meine Begriffe zu sachlich veranlagt. Da ich sehr willensstark bin, wandte ich mich an einen jungen Priester seines Gemeindebezirks, und fragte ihn, ob er ein wenig Zeit mit Robin verbringen könnte. Eines Tages traf ich mich mit dem Priester, um die Situation mit ihm zu besprechen. Er war im gleichen Alter wie Robin, hatte ähnliche Interessen wie er und konnte sich gewiss leicht mit ihm identifizieren, dachte ich. Er schlug vor, meine Bitte zu überdenken und dann wieder auf mich zuzukommen.

Eines Nachts, während ich in dieser Sache meine Vorstellungen und Wünsche vor Gott ausbreitete, machte mir Gott unmissverständlich klar, dass ich die Finger von diesem Vorhaben lassen sollte. Ich empfand diese Antwort so deutlich, dass ich mir vorkam wie ein Kind, das seine Hände von einem glühenden Ofen wegzieht. „Lass Pater Bob genau dort, wo er ist", hörte ich. „Ich habe auch mit ihm etwas vor."

Seit jener Nacht stellte ich Gottes Willen nicht mehr infrage, wenn es um Bobs Rolle im Leben von Robin ging. Ich sprach mit Bob oft über Robins schlimmen Zustand und die Tatsache, dass er so jung sterben würde – und auch darüber, dass Robin gewissermaßen die „Erlaubnis" einer Vaterfigur, wie er sie verkörperte, brauchte, um sterben und loslassen zu können, wenn seine Zeit gekommen war. Pater Bob tätschelte meine Hand und sagte lächelnd, dass alles nicht so einfach sei. Er war sehr geduldig, und wir lachten oft miteinander, egal, ob wir einer Meinung oder unterschiedlicher Auffassung waren. Ich glaube, wir lernten in jenen Monaten mehr voneinander, als uns selbst bewusst war.

Als sich Robins Zustand immer mehr verschlechterte, rückte die Familie noch enger zusammen. Seine Angehörigen ließen ihn nie auch nur einen Augenblick lang allein. Sie hielten nachts abwechselnd Wache, zündeten Kerzen an und beteten unablässig für ihn. Robins Freundin Cheryl, die ihn sehr liebte, war bei ihm, als er starb. Es schien richtig zu sein, dass diese Person, die so viel Zeit mit ihm verbracht hatte und die er liebte, in diesem Moment an seiner Seite war.

Wenige Tage vor seinem Tod saß ich neben seinem Bett auf einem Stuhl und hielt seine Hand. Er legte langsam den Arm um meine Schulter, lächelte und sagte: „So muss Liebe sein, und es muss gut sein." Robin hatte sein Bild von bedingungsloser Liebe vervollständigt, und für ihn kam diese Liebe von Gott. Es war schön zu sehen, wie klar er dies nun sah und welchen Trost es für ihn bedeutete.

Robins Leben war nicht nur für ihn selbst und seine Angehörigen eine eindrucksvolle Lektion, sondern für jeden, den Gott in den Radius seines Lebens stellte. Wir alle lernten so viel von Robin, aber auch von der hingebungsvollen Art seiner Schwester und von der aufopferungsvollen Liebe seiner Mutter.

Eines nachts, als Pater Bob mit Robin allein war und betete, rief Robin: „Was soll ich tun?" Bob sprang auf, nahm Robins Hand und ermutigte ihn, Gott dem Vater entgegenzugehen, wenn er seinen Ruf hörte. Er sprach mit ihm über Gottes Plan für ihn und die endgültige Heilung, die er im Himmel erfahren würde. Robin brauchte diese Orientierung, um sterben zu können, und er brauchte sie von diesem Mann, an diesem Ort und zu diesem Zeitpunkt. Gott stellte Robin in seiner grenzenlosen Weisheit und Liebe genau den richtigen Menschen an die Seite, und er wusste genau, was sowohl Robin als auch Pater Bob am allermeisten brauchten.

Nach Robins Tod besuchte ich Pater Bob und erzählte ihm von meinen anfänglichen Gedanken über ihn und meinen Bedenken. Wir lachten beide über unsere eigene, dickköpfige Art, und tauschten uns darüber aus, was wir voneinander gelernt hatten. Dann schüttelte Bob den Kopf und sagte: „Sie werden nie richtig verstehen können, was Gott in jenen Monaten an mir getan hat!" Wie viel hätte verloren gehen können, wenn Gott mir nicht so klar gezeigt hätte, dass ich auf ihn hören und ihm gehorchen sollte. Wenn er uns etwas deutlich machen will, dann tut er es – auf die eine oder andere Weise. Was Pater Bob und ich in jener Zeit gelernt haben, wird uns für den Rest unseres Lebens begleiten.

Der Verlust, den Robins Tod für seine Mutter und seine Schwester bedeutet, ist unbeschreiblich. Für sie ist Robin so lebendig wie eh und je, und man braucht sie nur einen Moment lang anzuschauen, um sich wieder an die enorme Liebe und Fürsorge zu erinnern, die sie ihm geschenkt haben. Robins Leben war kurz, ja, aber es war mit Sinn erfüllt.

Tim

„Ich habe jetzt meinen Frieden gefunden, Trudy."

Tim war neunundzwanzig und ein wirklich umwerfender Typ. Er war ein begabter Golf- und Tennisspieler und zum zweiten Mal verheiratet. Er und seine Frau Rebecca hatten zwei bezaubernde Töchter und führten ein wundervolles Leben. Ein Jahr nach der Hochzeit wurde bei einer Routineuntersuchung ein malignes Melanom entdeckt; die Krankheit war bereits fortgeschritten, was bedeutete, dass nur noch wenig Lebenszeit blieb. Schon bald fanden sich Metastasen in der Leber, im Magen und im Gehirn. Es war alles so unwirklich und konnte einfach nicht wahr sein. Tim war so jung, er liebte seine Frau und seine Töchter, und sie waren gerade dabei, in ihr gemeinsames Leben zu starten. Doch Tim sah die Dinge, wie sie waren, und nicht so, wie er sie gern gehabt hätte. Langsam, aber sicher begann er, seine Angelegenheiten zu regeln.

Mit fortschreitender Krankheit war Tim immer weniger in der Lage, Dinge selbst zu erledigen. Man kann sich unschwer vorstellen, wie hart das für einen so jungen und dynamischen Mann war, der immer alles selbst in die Hand genommen hatte. Rebecca war sensibel und geduldig genug, um ihn so viel tun zu lassen, wie er allein bewältigen konnte. Sie wollte ihm seine Würde nicht nehmen. Aber das war nicht einfach. Er bekam Probleme mit dem Gleichgewicht, deshalb schlug ich vor, einen dreiarmigen Stock anzuschaffen, um ihm das Gehen zu erleichtern. Zunächst konnte er sich mit so etwas überhaupt nicht anfreunden. Wenn er eine Abneigung gegen irgendetwas hatte, machte er keinen Hehl daraus. Doch schließlich erklärte er sich widerstrebend bereit, einen solchen Stock auszuprobieren, „wenn niemand zusah" – und schließlich gab er zu, dass der Stock prima war. Tim war von Natur aus unabhängig und blieb so bis zum allerletzten Tag. Seine Liste von Dingen, die er schon immer machen wollte, war lang, und er hatte es nun eilig. Mithilfe seiner Frau setzte er nun alles in die Tat um, was irgend möglich war: Eine Reise mit der ganzen Familie nach *Yellowstone* und die Fahrt im Heißluftballon waren nur einige der Geschenke und Überraschungen, die seine Frau gegen alle Hindernisse und nur Wochen vor seinem Tod für ihn ermöglichte.

Humor war schon immer ein wichtiger Aspekt in Tims Leben gewesen, und seine Krankheit änderte nichts daran. Eines Nachmittags ging er allein zum Bestattungsinstitut, um Vorkehrungen für seine Beerdigung zu treffen. Er hatte sein Diplom an der Universität von Florida gemacht, und er wollte sichergehen, dass die Universitätsfarben, Blau und Orange, seinen Sarg säumen würden. Als er nach Hause kam – ich war gerade zu einem Besuch eingetroffen –, lachte er lauthals über den armen Leiter des Bestattungsunternehmens, den er mit seinen Vorstellungen ziemlich geschockt hatte.

Tim wollte sich mit dem Pastor der nahe gelegenen Methodistenkirche treffen und mit ihm seine Beerdigung besprechen. Er wünschte sich einen Trauergottesdienst, der eine trostvolle Erinnerung für seine Angehörigen sein sollte – nicht etwa traurig, sondern fröhlich und mit peppiger Musik. Der Gottesdienst sollte alles widerspiegeln, was ihm in seinem Leben etwas bedeutet hatte. Seine Töchter und seine geliebte Frau sollten eine gute, tröstliche Erinnerung daran behalten. So vereinbarte er eines Morgens in der Frühe einen Termin mit dem Pastor, den er bis zu seinem Tod besonders zu schätzen wusste. Er hätte keinen mitfühlenderen Mann als Pastor Gene aussuchen können, um über die wichtigen Dinge des Lebens zu diskutieren. Gemeinsam planten sie den Trauergottesdienst. Pastor Gene erzählte uns später, er habe nie zuvor die Gegenwart Christi so deutlich gespürt wie in jenen Momenten, als sie gemeinsam die Bibelstellen und die Musik für die Beerdigung aussuchten.

Tim blieb so geschäftig, wie es ihm seine Krankheit erlaubte. Er bemühte sich, so viele Dinge wie möglich selbst zu regeln und sich nicht so sehr auf das zu konzentrieren, was mit ihm geschah. Er wusste, dass der Schmerz, den sein Tod bei seiner Frau und seinen Kindern auslösen würde, nur mit seinem eigenen Schmerz, sie verlassen zu müssen, vergleichbar war. Eines Tages sagte er mir völlig unerwartet: „Weißt du, Trudy, ich will wirklich nicht sterben, und doch würde ich dieses vergangene Jahr um nichts in der Welt missen wollen. Ich habe nie zuvor so intensiv geliebt, und ich habe auch nie zuvor Liebe so annehmen können wie jetzt."

Als ich eines Tages wieder bei ihm vorbeikam, machte Tim mir klar, dass er ein Gespräch unter vier Augen mit mir führen wollte – ein wichtiges Gespräch. „Ich verliere die Kontrolle", sagte er. „Bitte, hilf mir. Ich habe Angst, ich könnte eines Tages Rebecca oder den Kindern gegenüber die Beherrschung verlieren, wie heute Morgen in der Dusche, als ich die Seife fallen ließ. Ich habe es einfach nicht geschafft, mich zu bücken und sie aufzuheben." Seine Augen waren so voller Angst und Traurigkeit, dass es mir beinahe das Herz brach. „Kannst du etwas tun, um mir zu helfen?", fragte er.

„Ich habe keinen Einfluss auf das, was mit deinem Körper geschieht", sagte ich. „Aber wenn wir darüber mit Gott sprechen, dann wird er Wege finden, dir zu helfen, die ich nicht kenne. Er weiß ganz genau, was mit dir geschieht, und nur er weiß, was dir helfen und diese Phase erleichtern kann." Tim saß neben mir auf dem Sofa und nickte zustimmend. „Möchtest du, dass wir beten?", fragte ich.

„Ja, bitte", antwortete er.

„Weißt du, ich bin Irin", sagte ich, „deshalb würde ich jetzt gern deine Hand halten wollen, das ist bei uns so eine Tradition."

Er nahm wortlos meine beiden Hände in seine und beugte den Kopf.

„Himmlischer Vater, du hast verheißen: ‚Wenn zwei oder mehr in meinem Namen versammelt sind, dann bin ich in ihrer Mitte.' Herr, wir nehmen dich beim Wort. Jesus, bitte sei jetzt hier bei uns, in diesem Raum. Bitte lege deine liebevollen Arme um Tim und halte ihn ganz nah an deinem Herzen. Gib ihm den Frieden, den nur du geben kannst. Aber vor allem zeige ihm, wie sehr du ihn liebst, wie nahe du ihm jetzt bist, und wie sicher und geborgen er in deinen Armen ist." Wir saßen ein paar Minuten still beisammen, dann stand Tim auf und ging allein in sein Arbeitszimmer. Rebecca und ich saßen in der nächsten halben Stunde zusammen in der Küche und tranken Tee. Sie liebte ihren Mann so sehr und hätte alles dafür getan, dass er diese schwierige Phase nicht erleben musste. Doch sie wusste, dass sie nichts an seinem Zustand ändern konnte. Sie war unglaublich tapfer.

Als ich gehen wollte, bestand Tim darauf, mich zur Tür zu begleiten. „Ich habe jetzt meinen Frieden gefunden“, sagte er ruhig und sah mir direkt in die Augen. „Nichts kann mir diesen Frieden nehmen.“ Seit jenem Tag versicherte er mir bei jedem Besuch und bei jedem Telefongespräch, dass er seinen Frieden gefunden hatte. Gott hatte seine freundliche, sanfte Hand auf seine Seele gelegt, und er wusste es.

„Kannst du an diesem Wochenende vorbeikommen und mit den Mädchen Eis essen gehen?“, fragte er eines Tages. „Wie wäre es mit Samstag?“ Ich versprach, am Samstag da zu sein und wunderte mich, dass er diesen speziellen Tag zum Eisessen auserkoren hatte.

Der Samstagvormittag kam, und die beiden Mädchen waren zum Ausgehen bereit. Tim suchte in seiner Hosentasche nach Kleingeld für das Eis.

„Darf ich heute für sie bezahlen?“, fragte ich.

„Okay, aber nur dieses Mal“, sagte er. „Und lass dir Zeit, Trudy. Vielen Dank.“ Er küsste seine Töchter und verabschiedete sie liebevoll. „Viel Spaß, ihr beiden, und seid lieb, hört ihr?“ Seine Augen verrieten mir, dass er genau wusste, dass ihm nicht mehr viel Zeit blieb, und er wollte diese wertvolle Zeit jetzt allein mit seiner geliebten Rebecca verbringen. Sein tapferes Bemühen, für seine kleinen Mädchen bis zum Schluss der „Daddy“ zu bleiben, brach mir fast das Herz. Wenn jemand dem Tod so nahe ist und einem anderen, der dies auch weiß, in die Augen sieht, dann berühren sich zwei Seelen und werden für immer geprägt. Nun, heute Morgen würden Tim und Rebecca Zeit füreinander haben, nur für sich allein.

Wir hatten viel Spaß im Eiscafé und suchten unsere Eissorten sorgfältig aus. Die gemeinsame Zeit genossen wir sehr, bis wir schließlich den kurzen Heimweg antraten. „Können wir kurz hier halten?", fragte die Kleinere der beiden, als wir an dem großen Friedhof vorbeifuhren. *Meint sie wirklich den Friedhof?,* fragte ich mich. „Ja, bitte, lass uns dorthin gehen, dann zeige ich dir, wo Daddy sein wird."

Schweigend und mit schwerem Herzen bog ich zu dem wunderschönen Friedhof ab, der direkt an der Hauptstraße lag. Die Mädchen sprangen aus dem Wagen und wussten genau, wo sie hingehen mussten.

„Daddy wird dort drüben liegen, unter dem großen Baum", sagte eines der Mädchen und zeigte auf ein Stück saftig grünen Rasens, der sich unter den gewaltigen Ästen einer Buche ausbreitete. „Sieh nur, wie schön es hier ist. Es sind immer Enten im Wasser und die Sonne scheint hier ständig." Die beiden kleinen Mädchen standen Seite an Seite und schauten über den Teich, an dem ihr Daddy begraben werden würde. Sie waren froh, dass es ein so schöner Platz nicht weit von zu Hause war, sodass sie ihn oft würden besuchen können. Tim und Rebecca waren mit den Mädchen hierher gekommen, um ihnen zu zeigen, wo ihr Vater sein würde. Wie unglaublich tapfer von diesen jungen Eltern, etwas so Rührendes und Liebevolles für ihre Kinder zu tun. Für die kleinen Mädchen schien es ganz natürlich zu sein, darüber zu sprechen – nicht einfach, aber natürlich.

Tim starb an jenem Abend in Rebeccas Armen. Er sah ihr bis zum letzten Atemzug voller Liebe in die Augen. Sie war bei ihm, und das war das Allerwichtigste.

Für Kinder sind der Tod und der Übergang in ein anderes Leben oft etwas viel Natürlicheres und mit weniger Ängsten Behaftetes als für uns Erwachsene. Diese beiden kleinen Mädchen waren von ihren Eltern liebevoll auf den kommenden Verlust ihres Vaters vorbereitet worden. Ihr Schmerz war groß, doch diese besondere Zeit der Vorbereitung ließ sie mit einem trostvollen Verstehen zurück, das sie ansonsten nicht hätten entwickeln können. Diese jungen Eheleute waren einander in großer Liebe zugetan, und obwohl der Verlustschmerz enorm war, liebten und unterstützten sie einander tapfer, bis ihre gemeinsame Zeit hier auf Erden zu Ende war.

Jess

„Ich glaube, er sieht Jesus."

Jess war Anfang siebzig. Er war mehrmals verheiratet gewesen und hatte inzwischen Enkelkinder, die er aber noch nie gesehen hatte. Als er spürte, dass es bald mit ihm zu Ende gehen würde, rief er seine jüngste Tochter an und fragte sie, ob er bei ihr zu Hause sterben dürfte. Die Tochter, die er ebenfalls kaum kannte, erklärte sich sofort einverstanden. So wurde ich Zeuge, wie diese Frau sich liebevoll um ihren Vater kümmerte, und wie sie den übrigen Angehörigen beibrachte, ihrem Beispiel zu folgen.

Auf seinem letzten Lebensweg erfuhr Jess zum ersten Mal, was Liebe ist. Er erlebte sie auf eine Weise, die er nie zuvor gekannt hatte. Im Hause seiner Tochter herrschte stets viel Trubel durch die vielen Kinder. Sein sechsjähriger Enkel John war es schließlich, der die Dinge in die Hand nahm. Er legte eine Matte auf den Boden, um neben Opas Krankenhausbett schlafen zu können, und trennte mit einer Wäscheleine das Wohnzimmer von Opas neuem „Schlafzimmer" ab. John blieb fast ständig an Opas Seite, und wenn der Junge irgendwohin musste, rannte er nach seiner Rückkehr immer als Erstes zu seinem Opa. Zwischen den beiden entwickelte sich eine innige Beziehung, die mich daran erinnerte, dass es oft die kleinen Kinder sind, die uns den Weg weisen.

Jesses Zustand verschlechterte sich rasch – er hatte Magenkrebs, der bereits in andere Teile des Körpers gestreut hatte. Immer wieder sprach er über seine Exfrauen und all die Kinder und Enkelkinder, die er nicht kannte. Es gab so viele Dinge in seinem Leben, die er gern anders gemacht hätte – wenn er die Chance gehabt hätte, noch einmal von vorn anzufangen.

Nach und nach verbreitete sich die Botschaft, dass Jess „zu Hause" war und im Sterben lag. Viele Angehörige von nah und fern fanden den Weg zu ihm, um ihm einen Besuch abzustatten. Halbgeschwister trafen sich zum ersten Mal und hatten offensichtlich viel Freude daran, ihre Beziehungskonstellation zu entwirren. All diese Menschen, die an seinem Sterbebett verweilten, sorgten dafür, dass Jesses Situation den friedlichen, versöhnlichen und liebevollen Rahmen erhielt, den Gott ihm in dieser Phase seines Lebens schenken wollte, und Jess war zutiefst dankbar dafür.

Warum brauchen wir oftmals ein ganzes Leben, um Lektionen zu lernen, wie sie mir der kleine John beigebracht hat? Warum fällt es uns so schwer, die Menschen um uns herum zu lieben, wie sie sind, und ihnen zu vergeben, wo sie uns verletzt haben? Wann werden wir wirklich begreifen, dass nur Gott weiß, was er vor unserer Geburt in uns hineingelegt hat? Wann werden wir verstehen können, dass deshalb auch nur er unser Handeln beurteilen kann? Wäre es nicht großartig, wenn wir einander so annehmen könnten, wie wir sind, und den Rest Gott überließen? Er wünscht sich, dass wir einander so lieben, wie er uns liebt, und manchmal schickt er uns ein Kind, um uns zu zeigen, auf welche Weise wir das tun können.

Eines Nachmittags, als ich Jess besuchte, fragte er mich: „Wie kommt es, dass ich sie schon sehen kann“ – er sprach über seine Eltern, die mehrere Jahre zuvor gestorben waren – „obwohl ich Sie doch auch noch sehe?“ Er stellte diese Frage auf eine ganz natürliche Weise, was ein Zeichen dafür war, dass er das Jetzt und auch das, was auf ihn wartete, für sich angenommen hatte. Ich erklärte ihm, dass Gott ihn auf den Moment vorbereitete, in dem er den Himmel betreten würde, und dass seine Seele schon bereit war, seinen Körper zu verlassen, das Leben auf dieser Welt loszulassen – im Gegensatz zu seinem Körper, der dazu noch nicht bereit war. Es gibt viele Menschen, die durch die Pflege sterbender Patienten zu der Erkenntnis gekommen sind, dass Körper, Seele und Geist sehr eng miteinander verbunden sind, und dass uns Gott, wenn wir sterben, als ganze Person zu sich zieht. Erst wenn jedes dieser drei „Bestandteile“ bereit ist, loszulassen, kann der Mensch friedlich in die nächste Phase seines Lebens – den Tod – eintreten.

Tag für Tag saß John am Bett seines Großvaters, berührte ihn sanft und sah mit ihm fern. Langsam, aber sicher neigte sich Jesses Leben seinem Ende zu, doch er starb nicht, bevor er die bedingungslose, alles vergebende Liebe erfahren hatte, die er sein Leben lang gesucht hatte. Er hatte sie durch John gefunden.

„Wie geht es ihm?“, fragte John einige Augenblicke, nachdem sein Opa gestorben war.

„Du kannst ihn berühren, wenn du willst“, sagte ich, und er berührte sanft sein Gesicht.

„Was ist in seinen Augen?“, fragte er.

„Du kannst sie öffnen und nachsehen“, erwiderte ich.

Ganz langsam kletterte John auf das Bett und öffnete Opas Augen, und dann sagte er: „Ich glaube, er sieht Jesus!" Dieser Sechsjährige fand das ganz natürlich; er hatte nicht das Bedürfnis, alles zu interpretieren, wie es Erwachsene für gewöhnlich tun. Sein Opa war jetzt im Himmel, und John fand es ganz normal, dass er Jesus ansah. Aus Kindermund kommen oft wahre Schätze.

Da ich spürte, dass John noch ein wenig Zeit mit Jess verbringen wollte, verließ ich leise den Raum und zog den Vorhang hinter mir zu, damit der Junge mit seinem Großvater allein sein konnte. Ungefähr eine Viertelstunde später, als ich mit Jesses Tochter die letzten Vorkehrungen für die Bestattung geregelt hatte, spähte ich hinter die Wäscheleine: Der kleine John lag quer über seinem Opa, er hatte die Arme um seinen Brustkorb geschlungen und war eingeschlafen.

Johnny

„Aber angenommen, ich glaube einfach nicht an ihn, was dann?“

Johnny war Kettenraucher und ein Kerl, der viel Alkohol vertrug. Er hatte lange allein gelebt und keinen Kontakt mehr zu seinem einzigen Sohn gepflegt; doch nun bat er ihn, sich um ihn zu kümmern. Sein Sohn, den er verlassen hatte, als dieser noch klein war, erklärte sich einverstanden. Johnny war ein rauer Bursche, und nun, da man inoperablen Lungenkrebs bei ihm festgestellt hatte, war er sogar noch schwieriger als sonst. Er war reizbar und müde, und alle Bemühungen, ihm Freundlichkeit und Hilfe zu schenken, wurden von ihm zurückgewiesen. Aus einem Grund, den ich noch nicht ganz verstanden habe, war ich von jeher von mürrischen und kleinlichen Menschen fasziniert. Ich glaube, ich will die guten Seiten aus ihnen herauslocken, die meiner Meinung nach in ihnen stecken und von deren Existenz sie oft selbst nichts wissen.

Johnnys Sohn war bereit, sich so lange um seinen Vater zu kümmern, wie dies möglich war. Er war Feuerwehrmann und kannte sich mit den Gefahren, denen allein lebende ältere Menschen ausgesetzt sind, sehr gut aus. Er verließ die Stadt nur selten, wenn es aber dennoch vorkam, sorgte er dafür, dass sein Vater in Sicherheit war. Als sich Johnnys Zustand verschlechterte, wurde die Situation zunehmend schwieriger. Immer häufiger vergaß Johnny, die Medikamente einzunehmen, die sowohl seine Schmerzen linderten als auch seine Atmung erleichterten. Doch nachdem er auch mehrmals vergessen hatte, den Ofen auszuschalten, wurde beschlossen, ihn in einer Pflegeeinrichtung unterzubringen. Johnny zog schon bald um und war sehr froh über die gute Fürsorge, die er dort erhielt.

Wenn ich mit Johnny sprach, äußerte er oft, dass er nicht an Gott glaube, doch in den Gesprächen kam er immer wieder und ohne ersichtlichen Grund auf Gott zu sprechen. Es kam zum Beispiel vor, dass er mitten in einer Unterhaltung über ein beliebiges Thema plötzlich ärgerlich fragte, wie die Leute nur so dumm sein können, an einen Gott zu glauben, den man nicht sehen kann. Seiner Meinung nach glaubten nur Menschen an Gott, die schwach und abhängig sind. Oft, wenn ich ihn im Pflegeheim besuchte, meinte er etwas abwertend: „Da kommt ja diese Gottesperson." Aber gleichzeitig schenkte er mir ein breites Lächeln als Willkommensgruß. Ich glaube, er betrachtete das Kreuz, das ich an einer Kette trug, als Symbol für etwas, das er nicht begriff, und er wollte mehr darüber wissen – und gleichzeitig auch wieder nicht. Niemand konnte ahnen, was Gott plante, um sein Herz zu berühren – ein Herz, das sich nach etwas sehnte, aber noch nicht verstand, was es war.

In den nächsten drei, vier Monaten entwickelte sich zwischen ihm und mir eine herzliche Freundschaft, wobei wir beide wussten, dass ihm nicht mehr sehr viel Zeit blieb. Sein Sohn beobachtete mit großem Erstaunen, wie sein Vater ihm gegenüber langsam sanfter und warmherziger wurde, und obwohl sie nicht direkt über ihre Gefühle sprachen, verstand sein Sohn, dass Johnny es gern tun würde, aber nicht wusste, wie er es anstellen sollte. Beide schienen damit zufrieden zu sein, mit einem freundlichen Nicken oder einer Berührung an der Schulter miteinander zu kommunizieren.

Johnny war, wie ich anfangs erwähnte, sein Leben lang ein leidenschaftlicher Raucher gewesen, und das blieb er bis fast zum Schluss. Er konnte seine Zigarette natürlich nur außerhalb des Pflegeheims – im Garten – anzünden. Von Zeit zu Zeit bat er mich, ihn im Rollstuhl dorthin zu fahren, damit er „eine rauchen" konnte, wie er sagte. Doch als seine Kräfte immer mehr nachließen, wurde es schwierig für ihn, in den Rollstuhl zu steigen. Eines Tages bat er mich, ihn „ein letztes Mal" auf die Veranda zu schieben, wo er rauchen durfte. Ich wusste genau wie er, dass er bald sterben würde. Ich schob ihn also auf die Veranda.

Dort saß er schweigend da und zog an seiner Zigarette. Dann sah er auf die gegenüberliegende Wand, an der ein Bild von Jesus hing. Johnny fragte mich nach der Bedeutung des Gemäldes. „Das Bild soll Jesus darstellen", erklärte ich, „und die Tür, an die er anklopft, ist die Tür Ihres Herzens. Fällt Ihnen irgendetwas an dem Bild auf?"

Er lehnte sich so weit wie möglich nach vorn und sagte dann: „Es gibt keine Türklinke. Warum?"

„Das bedeutet, dass Gott seinen Zutritt zu unserem Herzen nicht erzwingen möchte", antwortete ich. „Er möchte, dass Sie ihm von innen heraus öffnen. Er möchte gern in Ihr Herz kommen und sich Ihnen zeigen und Sie mit sich in den Himmel nehmen."

Er schien nichts gegen meine Erklärungen zu haben, sondern lächelte vertrauensvoll, als ich ihn in sein Zimmer zurückschob. „Aber angenommen, ich glaube einfach nicht an ihn, was ist dann?“, fragte er. Ich half ihm, sich für die Nacht fertig zu machen und schlug vor: „Sagen Sie Gott einfach, dass Sie nie an ihn geglaubt haben und dass er Ihnen zeigen soll, ob er wirklich existiert. Sagen Sie ihm, dass Ihnen alles, was Sie in Ihrem Leben falsch gemacht haben, leidtut, und bitten Sie ihn, Sie zu sich in den Himmel zu holen, wenn das der Platz ist, wo er wohnt.“

Er lächelte, als wir uns verabschiedeten, und wir beide wussten, dass wir uns das letzte Mal sahen.

Es war erstaunlich, wie sich Johnny, dieser einst so einsame und verärgerte alte Mann, in den letzten Monaten verändert hatte. Einen großen Anteil daran hatte sein Sohn, der imstande war, seine eigenen Verletzungen aus der Vergangenheit zu überwinden, und seinen Vater so anzunehmen, wie er war, ihn zu respektieren und sich um ihn zu kümmern. Johnny hatte wahrscheinlich sein Leben lang nach Gott gesucht, aber er hatte nicht gewusst, wie er ihn finden konnte. Und Gott, der sich die ganze Zeit hinter den Kulissen seines Lebens aufgehalten hatte, wollte diese verlorene Seele lieben und trösten.

Johnny starb in den frühen Morgenstunden des darauffolgenden Tages. Die Krankenschwester erzählte mir am Telefon, er habe sich nicht mehr bewegt, seit ich weggegangen war, und sei einfach friedlich eingeschlafen. Sie bat mich, seinen Sohn zu informieren, der sich gerade nicht in der Stadt aufhielt, und fragte, ob ich vorbeikommen und seine Kleider und Sachen mitnehmen könnte, weil sein Zimmer für einen anderen Patienten benötigt wurde.

Als ich später an jenem Vormittag im Pflegeheim eintraf, kam ich an der Veranda vorbei, auf der Johnny und ich am Abend zuvor gesessen hatten. Da ich das Bild nicht an der Wand hängen sah, fragte ich die Krankenschwester nach dessen Verbleib. Sie reagierte überrascht und sagte, es habe nie ein Bild von Jesus an dieser Wand gegeben. Ich untersuchte sorgfältig die Veranda und besonders die Wand nach Spuren eines Nagels oder einer abgenutzten Stelle, doch ich fand nichts. Es hatte nie ein solches Bild an dieser Wand gehangen. Ich war sprachlos, und die Krankenschwester ebenso. Gottes Ehrfurcht gebietendes Wirken ist einfach unerklärlich!

Margaret

„Ich möchte jede einzelne Schönheit in meinem neuen Zuhause sehen."

Margaret war neunzig, eine ledige Dame, die seit mehr als fünfzig Jahren allein in der gleichen Wohnung gelebt hatte. Sie hatte Magenkrebs, war sehr schmächtig und lag im Sterben. Jede Form der Behandlung hatte sie abgelehnt; sie wollte zu Hause bleiben und dort auf den Tod warten.

Doch irgendwann konnte sie sich nicht mehr selbst versorgen, und so überredeten ihre Pflegerinnen sie dazu, ihre verbleibenden Lebenstage im Hospiz zu verbringen. Sie war nicht gerade glücklich, ihr Zuhause nach über fünfzig Jahren aufzugeben, doch sie sah ein, dass es nicht mehr anders ging. Schon bald hatte sie ihr neues Zuhause lieben gelernt, und schätzte auch die Betreuer, die sich um sie kümmerten.

Am Tag, als sie im Hospiz ankam, erhielt ich einen Anruf von einem Sozialarbeiter, der mir mitteilte, Margaret wolle mich und einen Anwalt sehen, um zu arrangieren, dass ihr Hab und Gut der Pflege künftiger Hospizpatienten zugutekam.

Es blieb nicht mehr viel Zeit, und obwohl ich annahm, dass sie nicht sehr viel zu vererben hatte, kümmerte ich mich darum, dass noch am selben Tag ein Anwalt zu ihr kam. Gott hatte die Dinge gut vorbereitet – die Mutter jenes Anwalts hatte viele Jahre in dem Zimmer gegenüber von Margarets Zimmer gewohnt, sodass sie und der Anwalt viel Gesprächsstoff hatten. Für Margaret war das sehr tröstlich. Der Anwalt war von Natur aus sanft und freundlich und gab Margaret genau das, was sie in diesem Augenblick brauchte.

Innerhalb weniger Stunden wurde alles dafür arrangiert, dass ihre Hinterlassenschaft künftigen Patienten des Hospizes zugutekam. Margaret bat darum, im Rollstuhl einen Rundgang durch das Hospiz zu machen, um jede „einzelne Schönheit" ihres neuen Zuhauses bewundern zu können. Die Pflegerin, die sie auf dieser Besichtigungstour durch die Räume und Flure schob, war mehr als zwei Stunden lang beschäftigt, weil Margaret an jedem Bild an der Wand anhalten und es genau betrachten wollte.

Bevor ich an jenem Abend nach Hause fuhr, machte ich einen kurzen Abstecher zu Margaret. In einem langen Gespräch erklärte sie mir, sie habe nie wirklich an Gott geglaubt, doch nun sehe sie einen neuen Frieden in den Gesichtern, den Worten und Berührungen der Menschen um sie herum. „Ist es das, was mit Gott gemeint ist?", fragte sie. „Meinen die Leute das, wenn sie sagen, dass Gott Liebe ist?" Sie wollte wissen, warum sie jetzt diesen inneren Frieden spürte, und ich versicherte ihr, dass Gott selbst sie an diesem Ort und durch die Menschen um sie herum besuchen und sich ihr offenbaren würde. „Jedes Mal, wenn ich Sie sehe, spüre ich seinen Frieden", sagte sie, „und jedes Mal, wenn mich die Person, die sich um mich kümmert, ansieht und lächelt, weiß ich, dass Gott in der Nähe sein muss."

Margaret lebte an jenem Tag ein ganzes Leben – sie zog in ein neues Zuhause, kümmerte sich um ihren Nachlass und gelangte zu ganz neuen Einsichten über Gott und seine Liebe zu ihr, und all das in so kurzer Zeit. Ich brachte sie ins Bett, bevor ich nach Hause fuhr, und versicherte ihr noch einmal, dass man sich hier die ganze Nacht über liebevoll um sie kümmern werde, und dass Gott selbst ganz nah bei ihr sein würde. Margaret starb in den frühen Morgenstunden, geborgen und mit Gott und der Welt im Frieden.

Wie gütig ist doch Gott, der seine Kinder in eine sichere und geborgene Umgebung bringt und sich ihnen mit solcher Einfachheit und Gnade offenbart! Er berührte Margarets Seele und schenkte ihr Frieden. Und sie hatte ein großzügiges Herz und wollte das wenige, das sie besaß, anderen zugutekommen lassen. Das Scherflein der Witwe ist oft ein größeres Geschenk als die locker weggegebene Gabe eines Reichen. Wir wurden alle durch die Bekanntschaft mit Margaret bereichert, wenn es auch nur eine sehr kurze Bekanntschaft war.

Margarets Gabe für das Hospiz waren zwei schwere Taschen, die am nächsten Tag auf dem Fußboden meines Büros standen. In diesen Taschen befanden sich all ihre Besitztümer. Es waren alte Briefe, Fotos, eine kleine Schachtel mit Stecknadeln und Notizkärtchen, ein Strumpfhaltergürtel aus den Dreißigerjahren, und eine kleine, sehr alte Bibel, die im Laufe der Jahre von verschiedenen Familienmitgliedern signiert worden war.

Katy

„Ich habe immer gehofft, Sie noch einmal zu sehen, bevor ich sterbe."

Ich weiß, wer Sie sind", sagte die Stimme am Telefon in der Arztpraxis, in der ich eines Nachmittags anrief. „Sie haben sich vor vielen Jahren um meinen Vater gekümmert." Es dauerte nur wenige Augenblicke, und ich erinnerte mich wieder an jenen fünfzigjährigen Patienten mit Gehirntumor, der zu Hause von seinen Kindern und seiner bildschönen Frau Katy gepflegt worden war.

„Meine Mutter ist jetzt in einem Pflegeheim", sagte die Tochter. „In letzter Zeit verfällt sie zusehends. Sie hat nur einen Wunsch: Sie möchte Sie noch einmal sehen, bevor sie stirbt. Sie hat oft davon gesprochen, wie Sie sich damals um meinen Vater gekümmert haben. Meinen Sie, Sie könnten sie bald einmal besuchen? Ich glaube, es bleibt ihr nicht mehr viel Zeit zu leben." Ich versprach, ihre Mutter gleich am nächsten Tag zu besuchen. Katy war mir als besonders liebevolle Ehefrau in Erinnerung geblieben. Sie hatte sich so selbstverständlich und würdevoll um ihren Mann gekümmert, dass ich mich noch sehr gut an sie erinnern konnte.

Ich klopfte am nächsten Morgen an ihre Tür im Pflegeheim und betrat einen abgedunkelten Raum. „Katy, Katy", rief ich sanft, worauf eine schwach flüsternde Stimme antwortete: „Ja."

„Ich bin es, Trudy", sagte ich und kam langsam näher, um mich auf die Bettkante zu setzen. Diese zarte, alte Dame nahm all ihre Kraft zusammen und setzte sich auf. Sie breitete die Arme aus, schlang sie um mich und wiegte mich wie ein Baby hin und her. Lange Zeit verharrten wir in dieser Haltung und versenkten uns in die Erinnerung an jene besondere Zeit in ihrem Leben. „Oh, ich kann es kaum glauben – Sie sind es wirklich!", sagte sie. „Ich habe immer gehofft, Sie noch einmal zu sehen, bevor ich sterbe."

Wir schwelgten in Erinnerungen, als ob achtzehn Jahre einfach so von uns abgeblättert wären und alles erst gestern passiert wäre. Es war für uns beide eine sehr schöne Erfahrung. Wir sprachen über jene längst vergangenen Tage, über ihren Mann und über die letzten Tage seines Lebens, die von Liebe und Sanftheit bestimmt gewesen waren. Sie erzählte davon, wie sie für ihn gesorgt hatte, wie wir im Wohnzimmer ein provisorisches Schlafzimmer für ihn hergerichtet hatten, wie ich ihn rasiert hatte und wie viele liebevolle Worte sie ihm ganz am Ende noch sagen konnte. Der Trost solcher Erinnerungen ist unbeschreiblich, und sie sagte mir voller Begeisterung, wie sehr sie sich darauf freute, ihn wiederzusehen. Katy starb eine Woche später friedlich im Schlaf, und ich werde ihrer Tochter für immer dankbar sein, dass sie mich zu diesem Besuch ermuntert hat.

Wenn Gott an uns arbeitet, dann tut er das nie auf einseitige Art und Weise. In den verschiedensten Lebenssituationen stellt er uns Menschen an die Seite und gibt uns die Möglichkeit, aneinander zu lernen und zu wachsen – wenn wir uns bereitwillig darauf einlassen. Auf geheimnisvolle Weise bringt er uns bei, was er für uns persönlich vorgesehen hat. An Katy lernte ich, wie tief die Liebe zwischen zwei Menschen sein kann, und dass Gott körperliche Schönheit schenkt, um anderen sein Gesicht zu zeigen. Katys Schönheit kam tief aus ihrem Inneren und blieb bis zum Schluss unverändert. Sie war kurz vor ihrem Tod genauso schön wie achtzehn Jahre zuvor, als ich sie zum ersten Mal sah. Sie spiegelte alles wider, was es in dieser Welt an Schönem und Heiligem gibt. Katy wusste, was echte Liebe ist, und strahlte diese Liebe ihr Leben lang aus.

Beziehungen, die sich in besonderen Zeiten unsers Lebens entwickeln, zerbrechen selten. Sie bleiben stark und zeugen von guten Zeiten, die gemeinsam durchlebt wurden – und von einem Gott, der uns als Freunde für seine Pläne und Absichten zusammengeführt hat.

Zach

„Er weiß Bescheid, er weiß es."

Er war erst drei Jahre alt und lag im Sterben. Seine junge Mutter war völlig verzweifelt, und sein Vater, ein Offizier der amerikanischen Marine, konnte einfach nicht glauben, dass sein Kind sterben sollte. Der Schmerz angesichts der Tatsache, bald sein eigenes Kind zu verlieren, ist schlichtweg unbeschreiblich. Doch wenn die Betroffenen nicht über diesen Schmerz reden und ihn miteinander teilen können, leidet jeder für sich. Der kleine Zach hatte nicht mehr lange zu leben, und die alles überwältigende Wut, Angst und Trauer der Angehörigen war beinahe mit Händen greifbar.

Zachs Vater war außerstande, seinen Schmerz in Worte zu kleiden oder auf irgendeine Weise auszudrücken und kämpfte ganz allein mit seinen Gefühlen. Zachs Mutter hatte niemanden, mit dem sie ihre innersten Gefühle hätte teilen können, und litt ebenfalls für sich allein. Es war nötig, einen Weg zu finden, dieser jungen Familie bei der Bewältigung ihrer erdrückenden Last zu helfen. Die Zeit wurde knapp. Eines Tages legte Zachs Pflegerin Kelly einen Zeichenblock vor Zach auf den Tisch und fragte ihn, ob er nicht ein Bild davon malen wollte, was er gerade erlebte und was mit ihm geschah. Er saß im Bett, seine Eltern saßen an seiner Seite, und er begann zu zeichnen.

Ein riesiges Schiff wurde erkennbar, so wie es nur ein Dreijähriger malen kann. In der Mitte des Schiffes stand eine Frau mit hängenden Armen, dicke Tränen kullerten über ihr Gesicht, auf ihr Kleid und auf die Schiffsplanken. Rechts davon befand sich ein Mann in Uniform, mit einem Hut und vielen bunten Knöpfen auf der Jacke. Sein Gesicht drückte Traurigkeit und Schmerz aus. Ganz links in der Ecke des Bildes war ein winziges Boot zu erkennen, das davonsegelte; es war fast nicht mehr zu sehen. Zachs Vater begann zu weinen. „Er weiß Bescheid, er weiß es", schluchzte er. Dieser kleine Junge erklärte seinen Eltern mit diesem Bild, was mit ihm passierte, und er schien überhaupt keine Angst davor zu haben. Er war nur voller Sorge, dass sie es auch verstanden. An jenem Tag öffneten sich die Schleusen und viele Tränen und Küsse wurden ausgetauscht. Endlich konnte sich die kleine Familie auf den bevorstehenden Tod ihres geliebten Kindes vorbereiten.

Zach wollte, dass seine Eltern wussten, was mit ihm geschah, und er fand schließlich einen Weg, es ihnen klarzumachen.

Die Pflegerin, die sich liebevoll um Zach und seine Eltern gekümmert hatte und vielen neuen Hospiz-Pflegerinnen wichtige Lektionen beigebracht hat, hat mir diese Geschichte erzählt. Sie hat uns allen geholfen, die Dinge neu zu sehen und zu spüren – und ein Feingefühl zu entwickeln, das für die Pflege sterbender Menschen so wichtig ist.

Eileen

„Stimmt es, dass nur Katholiken mit Katholiken beten können?"

Unten in der Halle ist eine Patientin mit einem Hirntumor. Sie kann nicht mehr sprechen“, sagte die junge Krankenschwester, als sie mein Büro betrat. „Ich glaube, sie möchte, dass jemand mit ihr betet. Könnten Sie mit mir kommen?“ Offenbar war die Patientin Katholikin und die junge Krankenschwester hatte immer gehört, dass „nur Katholiken mit Katholiken beten können“. So sehr ich sie auch vom Gegenteil zu überzeugen und ihr klarzumachen versuchte, dass Gottes Herz nicht an Konfessionen gebunden sei und dass sie selbst sehr gut mit dieser Patientin beten könnte, sie blieb bei ihrer Meinung.

Also ging ich zu besagter Patientin, einer wundervollen Frau Mitte sechzig. Der bösartige Gehirntumor hatte ihr Sprachvermögen ausgeschaltet und ihre Bewegungsfähigkeit eingeschränkt. Ihre Angehörigen erklärten mir, sie habe die Gewohnheit gehabt, jeden Tag den Gottesdienst zu besuchen und die heilige Kommunion zu empfangen. Doch nun schien sie um etwas zu bitten, was ihre Angehörigen nicht richtig verstanden.

Ich erzählte Eileen, dass ich ebenfalls jeden Morgen zur Messe ging und dass ich sehr gern jeden Morgen mit ihr beten und das Abendmahl mit ihr feiern würde. Ihre

Augen begannen zu strahlen, und sie zog an meiner Jacke, um mich ganz nah zu sich zu ziehen. Sie lächelte, so gut ihr das noch möglich war. Alle Anwesenden begriffen plötzlich, was Eileens Wunsch war. Der Trost und die Geborgenheit Gottes waren ihr zeitlebens wichtig gewesen, doch nun, im Angesicht des Todes, war ihr die Nähe zu Gott noch wichtiger als jemals zuvor.

Eileen lebte nach unserer ersten Begegnung nur noch wenige Wochen, doch ich war jeden Morgen bei ihr, um mit ihr zu beten und gemeinsam mit ihr Gottes Nähe zu erleben. Ich sprach mit ihr über Jesus, den sie so gut kannte und liebte. Sie wusste, dass sie ihn bald von Angesicht zu Angesicht sehen würde und freute sich darauf. Sie starb friedlich im Schlaf.

Eine oder zwei Wochen nach ihrem Tod klopfte jemand an meine Bürotür, und eine vielleicht fünfunddreißig oder vierzig Jahre alte Frau trat ein. Sie hielt ein wunderschönes, hölzernes Kruzifix in den Händen und stellte sich mir vor: „Wir haben meine Mutter in dieses schöne Hospiz gebracht, damit es ihrem Körper und ihrer Seele bis zuletzt noch so gut wie möglich geht und sie keine Angst oder Schmerzen leiden muss. Hier wurde sie wunderbar versorgt und gepflegt, aber Sie brachten ihrer Seele Heilung und Frieden, indem Sie mit ihr beteten und ihr morgens die Kommunion brachten. Ich bin sicher, sie hätte Ihnen dieses hier gerne geschenkt.“ Sie gab mir das antike Holzkreuz und erklärte, solange sie sich erinnern konnte, habe es immer über dem Bett ihrer Mutter gehangen. Es war ein Familienschatz, den sie mir nun schenken wollte. Dieses Geschenk bedeutete mir sehr viel, und es hängt heute an einem besonderen Platz in unserem Haus.

Die Zeit, die ich mit Eileen verbracht habe, war für mich genauso wichtig wie für sie. Einem Menschen so nahe zu sein, der kurz davor steht, in die Ewigkeit zu gehen, ist ein Geschenk, das man nur schwer beschreiben kann. Es ist etwas Heiliges und Wertvolles. Man kann förmlich zusehen, wie Gott die Seele eines Sterbenden berührt, wie sie sich dann an ihn schmiegt und sich bei ihm birgt.

Die Dinge, die im Leben besonders wichtig für uns sind, behalten auch angesichts des Todes ihre Bedeutung. Für Eileen war Gott alles, und das Wiederholen der Gebete, die ihr so vertraut waren, brachte ihr Trost und Frieden.

William

„Kannst du heute Morgen auf eine Tasse Kaffee hereinschauen?"

William war zweiundneunzig und seit über zwanzig Jahren waren wir miteinander befreundet. Seine Frau gehörte zu meinen ersten Patientinnen, und seit jener Zeit trafen wir uns oft auf eine Tasse Kaffee oder zum Lunch. William war sein ganzes Leben lang ein Mensch gewesen, der unabhängig sein wollte, und das war er auch jetzt noch. Seit dem Tod seiner Frau lebte er allein und musste bereits mehrere Male umziehen. Er arbeitete nun emsig an seinen Plänen, neue Modellflugzeuge zu bauen, wobei er jedem Gespräch auswich, bei dem man ihn davon überzeugen wollte, sich auch mit anderen Dingen zu beschäftigen.

Doch die Jahre vergingen und William erkrankte an einem Lymphom. Sein Zustand verschlechterte sich derart, dass er nicht länger allein für sich sorgen konnte. Doch alle Versuche, ihn dazu zu überreden, bei einem seiner weiter entfernt lebenden Söhne einzuziehen, schlugen fehl. „Sie haben ihr eigenes Leben", sagte er mir, „und ich habe meines. Ich will das alles nicht durcheinanderbringen." Wochenlang führten wir viele Gespräche, und schließlich rief ich mit seinem Einverständnis seine Söhne an und bat sie, ihren Vater zu besuchen. Sie kamen sofort. Der ältere Sohn, mit dem er einen engen Kontakt pflegte, kümmerte sich um seine persönlichen Angelegenheiten. Den jüngeren Sohn hatte er schon längere Zeit nicht gesehen, aber er liebte ihn genauso sehr. Auch seinen Enkelkindern war William sehr zugetan und sprach oft über sie.

Alle – mit Ausnahme seiner selbst – waren sich einig, dass William an einen Ort ziehen sollte, an dem er Hilfe in Anspruch nehmen konnte, wenn es notwendig wurde. Ich war mir sicher, dass William eigentlich in ein Hospiz gehörte, doch die anderen waren nicht damit einverstanden, und so kam es, dass er in ein Zentrum für betreutes Wohnen zog. William verbrachte viele wertvolle Momente mit seinen Söhnen, besonders mit dem jüngeren, mit dem er zuletzt weniger Kontakt gehabt hatte. Alle drei waren dankbar dafür, diese Augenblicke miteinander zu erleben.

Ich konnte immer deutlicher erkennen, dass sich Williams Zustand verschlechterte und er nicht mehr viel Zeit zu leben hatte, doch seine Angehörigen wollten nichts von Palliativpflege wissen. Ihr Vater würde noch eine ganze Weile glücklich leben, so glaubten sie. Er sei gut untergebracht und in Sicherheit; das allein zählte. Seine Kinder waren um ihn wie die Henne um ihre Küken, kauften ihm einen neuen Flachbildschirm-Fernseher, statteten seine neue Wohnung mit seinen vertrauten und geliebten Gegenständen aus und feierten mit ihm die Tatsache, dass er eine neue „Bude“ hatte.

William passte sich gut an seine neue Umgebung an und seine Söhne fuhren wieder nach Hause. Der jüngere starb nur wenige Tage später an einem Herzinfarkt. Es war ein großer Schock für William, doch er war von Herzen dankbar, dass Gott ihm zuvor noch eine so besondere Zeit mit seinem Sohn geschenkt hatte.

William erzählte mir oft, dass er sein Leben lang nur mit zwei Geistlichen gut ausgekommen war. Einer war ein Priester, den er im Zweiten Weltkrieg kennengelernt hatte. Der andere war Vater Seamus O'Flynn, der sich um seine sterbende Frau gekümmert und deren Beerdigung durchgeführt hatte.

Er sprach mit großer Zuneigung von Vater O'Flynn und wollte ihn gern wiedersehen. „Es geht nicht sofort", sagte ich, „aber ich sage dir Bescheid, wenn es klappt." In den nächsten Wochen verschlechterte sich Williams Zustand rapide. Er bat mich, Vater O'Flynn zu rufen. Dieser kam noch am selben Tag, und die beiden verbrachten mehrere sehr glückliche Stunden miteinander. William sagte mir hinterher, es seien Stunden voller Frieden gewesen, mit tiefen Gesprächen und tröstenden Worten. Er war nun davon überzeugt, dass Gott ihn liebte, dass er ihm alle Sünden vergeben hatte und ihn so annahm, wie er war. Schließlich hatte er seinen Frieden gefunden – auf eine Weise, die ich in den zwanzig Jahren zuvor nie bei ihm gesehen hatte.

Bei unseren zahlreichen gemeinsamen Mittagsmahlzeiten, zu denen wir uns im Laufe der Jahre trafen, hatten wir oft über seinen Wunsch gesprochen, dass ich in seiner Sterbestunde bei ihm sein sollte. Wir hatten auch immer wieder darüber nachgedacht, ob er seine letzten Wochen bei mir zu Hause verbringen sollte; doch er war jemand, der anderen nur ungern zur Last fiel. Für William war es wichtig zu wissen, dass er am Ende nicht allein sein würde und dass wir bis zu seinem Tod Freunde bleiben würden. Er hatte diese „Sterbegespräche" mit viel Humor gewürzt, und oft hatten wir uns gefragt, was die Leute um uns herum wohl denken würden, wenn sie wüssten, worüber wir redeten und lachten.

William baute nur wenige Zeit nach seinem Umzug in das Zentrum für betreutes Wohnen immer mehr ab. Wir telefonierten häufig miteinander und ich besuchte ihn mehrmals pro Woche. Eines Tages – ich hatte ihn zuvor drei Tage hintereinander besucht, spürte ich den dringenden Wunsch, ihn am Nachmittag erneut zu besuchen. Als ich bei ihm eintraf, war William sehr schwach und kämpfte gegen eine starke Übelkeit. Er konnte nichts zu sich nehmen, saß aufrecht, aber sehr blass in seinem Stuhl und bemühte sich, tapfer zu sein. Ich wusste, dass seine Zeit näherrückte. Mithilfe seiner Pflegerin tat ich alles, was ich konnte, um ihm sein Leiden zu erleichtern, doch nichts half. Ich wollte ihn nicht in einem solchen Zustand allein lassen, also versprach ich, die Nacht über bei ihm zu bleiben. Ich sprach mit ihm über die Möglichkeit, ihm ein Zimmer im Hospiz zu besorgen, wenn es ihm nicht besser gehen sollte. Er war jedoch sicher, dass dies nicht nötig sei. In der Vergangenheit hatte ich ihm immer wieder angeboten, dass er zum Sterben zu mir nach Hause kommen könnte, und ich war auch durchaus bereit, mein Versprechen einzulösen. Doch da es uns nicht gelang, seine Übelkeit in den Griff zu bekommen, hielt ich es nun für besser, ihn ins Hospiz zu bringen. Ich erklärte ihm, was mich bewegte, doch er hatte wie eh und je seinen eigenen Kopf, und gab mir zu verstehen, er sei nicht wirklich so krank und wolle einfach nicht dorthin.

Wir bereiteten uns für die Nacht vor, und ich hielt seine Hand. Ein Freund, der sich jahrelang sehr treu um ihn gekümmert hatte und den er sehr schätzte, blieb ebenfalls in der Nähe. Mehrere Stunden vergingen, ohne dass die Übelkeit und das Erbrechen nachließen. Beides schwächte William immer mehr. Nach weiteren Stunden gab er schließlich nach und erlaubte mir, im Hospiz ein Zimmer für ihn zu arrangieren.

Es war ein bemerkenswerter Anblick: William, wie er auf dem Bett saß, die Arme vor der Brust verschränkt, und die diensthabende Pflegerin laut wissen ließ: „Alles okay, danke, ich brauche diese ganze Aufmerksamkeit nicht." Einige Stunden zuvor hatte ich mit seiner Pflegerin gesprochen und ihr gesagt, dass er sehr bald sterben würde, und vor diesem Hintergrund konnte sie kaum glauben, was sie nun sah und hörte.

Das Hospiz-Personal kümmerte sich sofort um Williams unmittelbare Bedürfnisse, er bekam Medikamente und Infusionen. Als er sich schließlich besser fühlte, fuhr ich nach Hause und versprach, ihn gleich am nächsten Morgen zu besuchen. Seit zwanzig Jahren hatten wir ja die Übereinkunft, dass ich bei ihm sein würde, wenn er stirbt, und dieser Zeitpunkt schien nun gekommen zu sein. Ich hatte ein schlechtes Gewissen, ihn allein zu lassen, doch er sah so friedlich aus, und ich wusste, dass man sich hier im Hospiz die ganze Nacht über liebevoll um ihn kümmern würde. Ich rief seinen Sohn an, um ihn über den Zustand seines Vaters zu informieren, und er versprach, sofort am nächsten Morgen herzukommen.

Am anderen Tag fand ich William friedlich schlafend vor. Sein Sohn, der am Fußende seines Bettes saß, unterhielt sich leise mit der Pflegerin. Alles schien gut geregelt zu sein, so wie William es immer geliebt hatte. Es steckt viel Wahrheit in der Behauptung, dass die Menschen oft so sterben, wie sie gelebt haben. William war ein ruhiger, friedlicher Mensch, der weder Aufregung noch Unordnung mochte. Er brauchte seinen eigenen Raum, seine eigenen Gedanken und seine Art, die Dinge anzupacken. Nun war seine Zeit gekommen, und er starb genau so, wie er gelebt hatte: ruhig, leise, ohne viel Aufhebens. So war er.

Ich wusste, dass er in wenigen Minuten sterben würde, nahm sanft seine Hand und flüsterte ihm ins Ohr: „Alles ist jetzt in Ordnung, es gibt nichts mehr zu tun. Du kannst jetzt loslassen und zu Gott gehen. Er liebt dich sehr und er wartet auf dich." Er atmete noch dreimal und starb dann.

William war ein wundervoller Mann, und für mich war es eine große Freude und ein Vorrecht, mit ihm befreundet zu sein. Wir hatten oft zusammen gelacht, uns Geheimnisse anvertraut und viele Tassen Kaffee zusammen getrunken. Wie kann man den Wert solcher Dinge ermessen? Die Erinnerung an ihn und die glücklichen Zeiten, die wir miteinander verbracht haben, sind ein Schatz, den ich für immer hüten werde.

Lorrain

„Jedes Jahr im Frühjahr blüht eine gelbe Rose."

Lorrain war erst sechs Wochen alt, und sie litt an einem angeborenen, inoperablen Herzfehler. Ihre Eltern hatten sie mit nach Hause genommen, um sie bis zu ihrem Tod zu umsorgen.

Ärzte können jedes Problem lösen, jeden Defekt reparieren und alles wieder in Ordnung bringen – wie schön, wenn es so wäre! Nein, die Realität sah anders aus. Das Ärzteteam tat sein Allerbestes, doch dem kleinen Mädchen konnte nicht geholfen werden. Voller Kummer und unerträglich hilflos kümmerten sich die jungen Eltern bis zuletzt liebevoll um ihre kleine Tochter.

„Können wir sie heute Abend zu uns ins Bett nehmen?", fragten Lorrains Eltern die Krankenschwester, die sich um das Baby kümmerte. „Ja, natürlich können Sie das, ich werde morgen früh kommen und ihnen helfen, sie zu baden und anzuziehen." Doch es kam anders. Lorraine wurde am nächsten Tag in ihrem Taufkleid in die kleine, weiße Korbwiege gelegt, um beerdigt zu werden.

Als die Krankenschwester am Morgen auf dem Weg zu dem jungen Elternpaar war, wusste sie noch nicht, was geschehen war. Unvermittelt hielt sie bei einem Blumengeschäft an, um ein paar wunderschöne gelbe Rosen für die Eltern zu kaufen. Sie wusste nicht genau, warum sie das tat, es war irgendwie ein innerer Drang, der sie dazu bewegte. Als die Eltern die Rosen sahen, lächelten sie. Woher sollte die Krankenschwester wissen, dass diese gelben Rosen für die Eltern ein Zeichen für Gottes Liebe und Fürsorge waren? Sie wussten, dass Lorrain bei Gott sicher und geborgen war.

Ein solcher Glaube in solchen tragischen Umständen ist überwältigend. Durch dieses unerschütterliche Vertrauen in Gott war es dem Paar möglich, angesichts des unsagbar schweren Verlusts den Strauß Blumen als Trost zu empfinden. Ein Glaube, der durch die Höhen und Tiefen des Lebens geformt wird, bietet ein festes Fundament, das uns Halt gibt, wenn uns eine Katastrophe einholt. Die Lektionen, die wir durch tiefe Lebenserfahrungen lernen, graben sich für immer in unsere Seele ein. Sie sind Geschenke des Glaubens.

Als ich diese Geschichte einige Jahre später vor einem größeren Publikum erzählte, stand eine junge Frau auf und kam zu mir auf die Bühne. „Ich bin Lorrains Mutter“, sagte sie, „und die Geschichte, die Sie erzählt haben, geht noch weiter. Ein Freund von uns schickte uns einen wunderschönen Rosenstock für unseren Garten, als Lorrain starb“, erklärte sie. „Jedes Jahr an ihrem Todestag blüht eine wunderschöne Rose.“

Sie selbst war sich vermutlich gar nicht darüber im Klaren, wie stark ihre Geschichte auf andere Menschen wirkte. Über die Jahre kam es immer wieder vor, dass ich diese Geschichte erzählte und anschließend Eltern zu mir kamen, die über ihre eigene Erfahrung mit dem Tod eines Kindes berichteten – und ähnlich wie Lorrains Eltern auf unerwartete Weise Trost gefunden hatten.

Joel

„Dort ist der Ort,
wo Gott wirklich wohnt."

Joel war erst fünfzehn. Mehr als fünf Jahre lang hatte er gegen den Krebs gekämpft, doch nun war er im Begriff, den Kampf zu verlieren. Seine Eltern, die ihn von Herzen liebten, hatten ihn nie mit in die Kirche genommen, doch nun wurden sie panisch und wollten unbedingt, dass Joel Gott kennenlernte. Der Pfarrer ihres Pfarrbezirks war sehr geduldig und freundlich zu Joel; er verstand das Bedürfnis seiner Eltern, „alles in Ordnung zu bringen". Er verbrachte viel Zeit mit dem Jungen, sprach über Gott und den Himmel und gab sich jede erdenkliche Mühe, die ganze Familie zu einem gewissen Begreifen der Bedeutung dieses jungen Lebens und seines bevorstehenden Todes zu bringen.

Joel hatte ein kleines Zimmer, in dem er sich sehr viel und lange ausruhte. Sein Bett stand neben einem Fenster, das zwar schmal war, aber dafür von der Decke bis zum Fußboden reichte. In den vergangenen Jahren hatte er viele Stunden lang aus diesem Fenster gesehen. Als ich ihn eines Tages besuchte, bat ich ihn, mir zu erzählen, was ihn an diesem Ausblick so faszinierte.

„Durch das Fenster sehe ich den Ort, wo Gott wirklich wohnt", sagte Joel. Er erzählte mir, was er im Laufe der Zeit alles beobachtet hatte: die Rinde, die sich Jahr für

Jahr von dem großen Baum vor seinem Fenster schälte und zu Mulch wurde; die Eichhörnchen und Vögel, die ständig damit beschäftigt waren, ihre Nester in dem großen Baum zu bauen; winzige Blätter, die im Frühling aus den braunen, tot aussehenden Zweigen sprossen und in kurzer Zeit wunderschöne Blüten hervorbrachten; den Regen, der gegen seine Fensterscheibe prasselte und all die unsichtbaren Dinge unter der Erde nährte. Joel sprach davon, wie sehr es ihm gefiel, den zu Boden tanzenden Blättern im Herbst zuzusehen und sich darauf zu freuen, dass im nächsten Frühjahr wieder neue Blätter sprießen würden. „Wie können die Leute all das sehen und trotzdem nicht an Gott glauben?", fragte er. „Es ist doch eigentlich ganz einfach."

Die Lektionen, die Joel mir beibrachte, machten mir klar, dass Gott unablässig alles Lebendige nährt und umsorgt, dass er uns Schönheit und Frieden mitten in Kummer und Leid schenkt, und dass er allen, die an ihn glauben, neues Leben verspricht. Wir alle, die sich um Joel kümmerten, spürten, wie dieser Junge auf eine ganz einfache und lebendige Weise etwas von Gottes Wesen erfasste. Joel kannte Gott besser als wir alle, und so beschlossen wir, uns still mit ihm an dieses Fenster zu setzen und von ihm zu lernen, dass „dort der Ort ist, wo Gott wirklich wohnt".

Ein Kind kann uns eine Menge beibringen, wenn wir nur bereit sind, unseren Horizont zu weiten, wenn wir einfach nur beobachten und zuhören. Gott hatte Joel eine Weisheit über das Leben geschenkt, die die meisten Menschen ein Leben lang zu ergründen suchen. Als Gott Joel schuf, wusste er, dass dieser nur ein kurzes irdisches Leben haben würde. Gott hat verheißen, sich den „Unmündigen zu offenbaren“, um die „Weisen zu verwirren“. Ich weiß nicht, wie es Ihnen geht, aber ich möchte lieber zu jenen „Unmündigen“ gehören, von denen Jesus spricht, als zu den „Weisen“, die blind sind für das, was wirklich von Bedeutung ist.

Madeleine

„Oh, ma mère."

Madeleine war die Chefsekretärin meines Mannes. Mit achtundsechzig wurde sie pensioniert und rief mich eines Tages an, um zu fragen, ob sie als meine persönliche Sekretärin ehrenamtlich im Hospiz arbeiten könnte. Madeleine war frankokanadischer Herkunft, hatte nie geheiratet, war sehr diszipliniert und entschlossen und hatte jahrelang erfolgreich in großen Unternehmen gearbeitet. Sie liebte harte Arbeit und hatte keinerlei Geduld mit inkompetenten oder nachlässigen Menschen. Ihr engagiertes Arbeiten, die Verantwortung, die sie trug, die Geschwindigkeit und die Effizienz, mit der sie die Aufgaben meisterte – es war beeindruckend. Ich sagte ihr oft, sie sei mein rechter Arm, mein Gehirn und mein Herz. Madeleine hatte es sich zur Aufgabe gemacht, mir den Rücken freizuhalten, und sorgte dafür, dass in den sieben Jahren ihres Dienstes unser neues Hospiz-Programm ein großes Stück vorangetrieben werden konnte.

Jeden Morgen erschien sie pünktlich um neun Uhr und verließ ihren Arbeitsplatz ebenso pünktlich um vier Uhr nachmittags. Den ganzen Tag über blieb sie hinter ihrem Schreibtisch und genoss ihren obligatorischen Joghurt und eine Tasse Kaffee zum Mittagessen. Sie liebte Himbeeren und Schokolade zum Nachtisch und saß immer sehr aufrecht auf ihrem Stuhl – so aufrecht, wie ich es bei niemandem zuvor oder danach gesehen habe.

Madeleine schenkte den vielen Geschichten meiner Patienten und ihrer Angehörigen viel Aufmerksamkeit, und häufig sah ich, wie sie still zuhörte, wenn ich meine Telefonate mit ihnen führte. Sie war verwundert und fasziniert von der Natürlichkeit des Sterbens und von dem immer wiederkehrenden Thema der erlösenden Liebe Gottes. Gern und oft besuchte sie die Patienten und lauschte ihren Erzählungen über ihre Erfahrungen mit Gott.

„Was wird mit mir geschehen, wenn meine Zeit gekommen ist?", fragte sie eines Tages aus heiterem Himmel. „Was passiert mit mir, wenn ich krank werde?" Ich war etwas bestürzt über ihre Frage und sagte, dass wir zunächst ganz offen darüber sprechen würden, wie ich es immer tat, und dass sie dann zu uns kommen und bis zu ihrem Tod bei uns bleiben könnte. „Prima", antwortete sie. Das Gespräch war damit zu Ende und sie griff das Thema nie wieder auf. Aber sie ahnte wohl, dass ihr nicht mehr allzu viel Zeit blieb.

Ungefähr ein Jahr nach unserem kurzen Gespräch fielen mir zunehmend kleine Veränderungen bei Madeleine auf: Sie ging ein wenig langsamer, sie wirkte insgesamt müder, sie büßte ein bisschen von ihrer Leistungsfähigkeit ein – doch sie kam noch immer täglich zur Arbeit, um mir zu helfen.

„Madeleine ist auf dem Parkplatz hingefallen", sagte mir eine der Krankenschwestern eines Nachmittags. „Sie wollte nicht, dass ich ihr aufhelfe; sie klopfte sich nur den Schmutz von der Jacke und fuhr dann weg." Schnell rief ich einen meiner Söhne an und bat ihn, rasch zu ihrer Wohnung zu fahren und dort auf sie zu warten. Wie ich schon vermutet hatte, konnte sie kaum aus dem Auto steigen. Einige Stunden später fuhr ich selbst zu ihr. Sie saß am Küchentisch und nahm ihren üblichen Nachmittagsimbiss zu sich. „Zeig mir mal, ob du aufstehen kannst", sagte ich. Ich wusste genau, dass sie nicht aufstehen konnte. Schließlich konnte ich sie dazu überreden, mit mir in die Notaufnahme des Krankenhauses zu fahren, wo sie sofort stationär aufgenommen wurde. Sie hatte keine Knochenbrüche, litt jedoch unter Herzdekompensation, die durch ein Lungenemphysem noch erschwert wurde. Fünf Tage später sollte sie entlassen werden und in ihre Zwei-Etagen-Wohnung mit dem Schlafzimmer im Obergeschoss zurückkehren. Ein rasches Gespräch mit ihrem Arzt machte jedoch deutlich, dass ein neuer Plan geschmiedet werden musste.

„Ich gehe morgen nach Hause", teilte mir Madeleine entschlossen mit, „zu euch nach Hause. Ken hat mir das gesagt." Ken, unser jüngster Sohn, kannte Madeleine gut und war schon oft bei ihr gewesen. Er hatte sie an jenem Nachmittag im Krankenhaus besucht und ihr ohne vorherige Absprache mit irgendjemandem von uns erklärt, dass sie nicht allein in ihrer Wohnung bleiben könne und stattdessen zu uns nach Hause kommen sollte. Und das tat sie.

Madeleine hatte bei uns ihr eigenes Zimmer, das mit einem Überwachungssystem ausgestattet war, welches auch kleinste Bewegungen und Geräusche übermittelte. Sie prüfte das Gerät vor dem Zubettgehen stets so lange, bis sie sicher war, dass ich jederzeit in weniger als sechzig Sekunden bei ihr sein konnte. Sie passte sich problemlos an ihr neues Umfeld an, aß, was ihr schmeckte, wurde aber jeden Tag ein wenig schwächer. Dennoch fühlte sie sich glücklich und geborgen.

Die Wochen, die wir miteinander verbrachten, und den Spaß, den wir zusammen hatten, würde ich gegen keinen Schatz dieser Welt eintauschen wollen. Lebhaft ist mir beispielsweise folgende Szene in Erinnerung geblieben: Ich saß, wie so oft, im Wohnzimmer, von wo aus ich sie stets gut im Blick hatte. Die Vereinbarung, nicht eher aus dem Bett zu steigen, bis ihr einer von uns zu Hilfe kam, hatte sie an diesem Tag vergessen. Ich rannte zu ihr hin, als ich merkte, dass sie im Begriff war, aufzustehen. Alles schien wie in Zeitlupentempo vor meinem inneren Auge abzulaufen. Als ich bei ihr war, konnte ich sie gerade noch rechtzeitig festhalten, glitt aber sanft mit ihr zu Boden. Da saßen wir zwei, sahen uns an und brachen beide in fröhliches Gelächter aus.

Ich rief nach meinem Sohn, der gerade unter der Dusche stand. Tropfnass und mit einem Handtuch um die Hüften gewickelt eilte er herbei und half Madeleine behutsam auf. Temperamentvoll wie sie war, schaute sie auf sein tropfendes Handtuch und lachte. „Schön, dich wiederzusehen, Ken“, sagte sie, der die Situation allerdings ganz und gar nicht lustig fand. So war Madeleine: In beinahe allen Situationen bewahrte sie sich ihren Humor. Selbst jetzt, wo sie nicht mehr allein aufstehen konnte, war es ihr möglich zu lachen.

Eines Nachmittags – ich rückte gerade ihr Kissen zurecht –, streckte sie die Hand aus, berührte mein Gesicht und sagte: „Ma mère, ma mère“ (meine Mutter, meine Mutter). Sie sprach in ihrer Muttersprache, und ich erinnerte sie daran, dass sie mir zwar im Laufe der Jahre viele Dinge beigebracht hatte, doch leider nicht die französische Sprache. Auf eine unerklärliche Weise sah Madeleine in mir ihre Mutter, und diese Vorstellung schien sie in einen freudig-erregten Zustand zu versetzen. Ich fand es irgendwie tröstlich, dass sie in dieser Zeit eine solche Erfahrung der inneren Verbundenheit mit ihrer Mutter machen durfte. In gewisser Weise glaube ich – ohne es allerdings ganz zu verstehen – dass wir alle miteinander verbunden sind. Nur durch andere Menschen finden wir letztlich zu uns selbst.

Am selben Abend kam Monsignore Mort Danaher vorbei, ein Priester, der seit vierzig Jahren eng mit Madeleine befreundet war. Sie tauschten zahlreiche gemeinsame Erinnerungen aus, und es tat mir gut, ihr Lachen zu hören. Der Geistliche segnete sie und spendete ihr das Heilige Abendmahl. Als er mich bat, ihr etwas zu trinken zu geben, reichte ich ihr das Glas, das auf einem Tischchen neben ihrem Bett stand, ohne zu bemerken, dass mit Wasser verdünnter Whisky darin war. Nun, dieses Abendmahl war wohl in gewissem Sinne eine Premiere!

Madeleine war voller Frieden, als Monsignore Mort Danaher sich verabschiedete, und schlief mit einem Lächeln auf dem Gesicht ein. Gegen zwei Uhr morgens starb sie friedlich. Sie war bis zum Schluss glücklich und geborgen.

Wenn ich an Madeleine denke, füllt sich mein Herz mit Dankbarkeit. Ein Leben lang hatte sie sich für andere eingesetzt. Am Ende schloss sich der Kreis – sie wurde von den Menschen umsorgt, denen sie am meisten geholfen hatte. „Ohne dich hätten wir das alles nie geschafft“, sagte ich ihr oft im Hinblick auf unseren Hospiz-Dienst. Sie setzte sich dann noch aufrechter hin und sagte mit einem breiten Lächeln: „Ich weiß, ich weiß.“

Was wir in unserem Leben geben, kommt immer auf die eine oder andere Weise zu uns zurück. Madeleine hatte anderen ihr Leben lang so viel gegeben, und am Ende erhielt sie alles, was sie brauchte und was sie sich am meisten wünschte, wieder. Gott hatte dafür gesorgt.

Hannah

„Okay, ich gehe, drängt mich nicht."

Hannah war 41, glücklich verheiratet und Mutter eines dreijährigen Mädchens. Doch das Leben war nicht immer einfach für sie gewesen. Ihre Eltern waren viele Jahre zuvor bei einem Verkehrsunfall ums Leben gekommen, und die damals Siebzehnjährige musste sich um ihre drei jüngeren Schwestern kümmern. Die vier Mädchen entwickelten eine sehr enge Beziehung zueinander und jeder kümmerte sich liebevoll um den anderen.

Jetzt lag Hannah im Sterben. Genau wie ihre Schwestern hatte sie einen festen Glauben. Sie wusste, dass der Himmel auf sie wartete. Doch es tat ihr furchtbar weh, ihre Lieben zurücklassen zu müssen. Hannah lebte jeden Tag so bewusst und erfüllt wie möglich – sie war fröhlich und optimistisch, und stets war das Haus voller Gäste. Es gab jede Menge leckeres Essen, und trotz des schlimmen, bevorstehenden Verlustes strahlte die Familie Glück und Frieden aus.

Hannahs Geschwister verbrachten viel Zeit mit ihrer ältesten Schwester – sie badeten sie, machten ihr schöne Frisuren, lackierten ihre Fingernägel und cremten ihren gebrechlichen Körper liebevoll ein. Und Hannah genoss jeden Augenblick. Wenn ich sie besuchte, traf ich sie mit ihren drei Schwestern zusammengekuschelt im Bett an.

Wahrscheinlich hatten sie genau das auch damals getan, als ihre Eltern gestorben waren. Es berührte mich sehr, diese vier Schwestern zu sehen, und auch ihr Ehemann schien diese Art der Geschwisterliebe sehr gut zu verstehen.

Hannah hatte ihr Leben lang viel Liebe verschenkt, und erfuhr jetzt, wo der Himmel auf sie wartete, ungleich mehr Liebe, als sie jemals hätte geben können. Mir scheint, als ob man am Ende seines Lebens immer im Überfluss zurückbekommt, was man zuvor selbst gegeben hat. Die Schwestern kümmerten sich auch mit Hingabe um Hannahs dreijährige Tochter – sie waren für die Kleine das, was Hannah damals für ihre jüngeren Schwestern gewesen war. „Liebt einander, wie ich euch geliebt habe", hat Jesus einst seinen Jüngern befohlen. Hannah verstand es, diese Worte in die Tat umzusetzen. Wenn sich jeder Mensch diese Worte zu Herzen nehmen würde, dann, so glaube ich, wäre unsere Welt so, wie Gott sie ursprünglich geplant hat.

Hannah wurde von Tag zu Tag schwächer und musste sich oft ausruhen. Ihr Zimmer war stets angefüllt mit Verwandten, Freunden aus der Gemeinde, Nachbarn und Menschen, die von ihrer Liebe berührt worden sind. Nie werde ich ihren letzten Tag auf dieser Erde vergessen. Ihr Mann kniete auf dem Boden neben ihrem Bett und ihre Tochter hatte ihren kleinen Kopf in ihren Schoß gekuschelt. Ihre drei Schwestern saßen neben ihr im Bett und ermutigten sie: „Hannah, geh jetzt in den Himmel, komm, lass los." Und Hannah sagte ganz ruhig: „Okay, okay, ich gehe. Drängt mich nicht." Und so starb sie.

Frederick

„Wenn ich Jesus so sehen würde wie Sie, würde ich dann auch weinen?“

Eine Nachbarin, die ich zum damaligen Zeitpunkt nicht besonders gut kannte, stand im Vorgarten, als ich eines Abends von der Arbeit nach Hause kam. Sie erzählte mir, dass sie einen Onkel in Boston habe, bei dem kürzlich eine unheilbare Krankheit im Endstadium festgestellt worden sei. Sie und ihre Mutter wollten sich gern um ihn kümmern, und sie wollte wissen, ob ich ihnen dabei helfen könnte, die notwendige Pflege für ihn zu finden, wenn sie ihn in unsere Stadt holen würden. Ich versicherte ihr prompt, dass ich sehr gern dazu bereit wäre, worauf sie erwiderte: „Oh, das ist gut, ich habe nämlich dem behandelnden Arzt bereits Ihre Telefonnummer gegeben.“ Mir gefiel das. In den darauffolgenden Jahren sind wir beide gute Freundinnen geworden.

Frederick wurde ungefähr eine Woche nach seiner Ankunft in Jacksonville in unserem Hospiz-Zentrum aufgenommen, wo ich ihn täglich besuchen konnte. Er war ein gut aussehender Mann, etwa achtundsiebzig Jahre alt, elegant und in seinem Auftreten natürlich und anmutig. Sein Haar war schneeweiß und seine Augen stechend blau. Wenn man sein Zimmer betrat, vernahm man klassische Musik, die er den ganzen Tag lang laufen ließ, und unübersehbar waren die vielen Blumensträuße auf dem Tisch sowie die beinahe unzähligen Grußkarten, die an den Lamellen der Jalousien hingen. Es war offensichtlich, dass er viele Freunde und Bekannte hatte und dass man ihn mochte. Frederick war außergewöhnlich gebildet und kannte sich sehr gut in Philosophie und Religion aus. Bereits nach einigen wenigen Worten merkte man, dass man es mit einem Mann zu tun hatte, der über alles intensiv nachdachte. Zudem war er ein überaus liebenswürdiger Mensch.

Eines Tages, als ich auf einen Besuch hereinschaute, schluchzte Frederick. Ich setzte mich still an sein Bett und fragte ihn, ob ich irgendetwas für ihn tun könne. Er schüttelte den Kopf und schluchzte noch heftiger. „Bitte, sagen Sie mir, was los ist“, bat ich ihn. „Nein, nein, nein“, sagte er, „bleiben Sie einfach nur hier bei mir sitzen.“ In den nächsten Wochen wiederholte sich diese Situation mehrfach – er schluchzte, ich saß an seinem Bett und irgendwann schlief er ein. Eines Tages sagte er: „Ich habe etwas erlebt, und irgendwann werde ich Ihnen davon erzählen, nicht jetzt, aber irgendwann.“ Mehr sagte er nicht.

Einige Wochen waren vergangen, als ich eines Nachmittags wieder an seinem Bett saß. Diesmal schluchzte er nicht, sondern weinte sehr heftig. Er sah zu mir hoch und sagte einfach: „Setzen Sie sich.“ Er weinte sehr lange, und ich hielt die ganze Zeit schweigend seine Hand. Schließlich sah er mich an und sagte: „Erinnern Sie sich, dass ich Ihnen gesagt hatte, dass ich Ihnen irgendwann von einem Erlebnis erzählen will? Nun, ich möchte jetzt gern darüber sprechen.“ Er erzählte mir, Jesus selbst sei in seinem Zimmer gewesen, hier im Hospiz. Er zeigte in eine Ecke des

Zimmers, wo Jesus gestanden habe, „genau da“, nahe dem Fußende seines Bettes. Seine Gegenwart habe das Zimmer mit einer Atmosphäre des Mitleidens, des Friedens und der Vergebung erfüllt – so stark, wie er es nie zuvor erlebt habe. Er sprach von der Liebe und Sanftheit, die er ganz deutlich in Jesu Augen gesehen habe, und davon, wie sehr er von dieser Liebe berührt worden war. Frederick sprach leise und voller Ehrfurcht über diese besondere, persönliche Erfahrung. Er wollte sichergehen, dass ich alles, was er sagte, genau verstand.

„Wenn ich Jesus so sehen würde wie Sie, würde ich dann auch weinen?“, fragte ich.

„Oh ja“, antwortete er.

„Warum würde ich weinen?“, fragte ich.

„Weil er so wundervoll ist“, sagte er. „Und weil er uns so sehr liebt und uns all unsere Sünden vergibt. Er will, dass wir seine Liebe annehmen, und frei sind, ihn ebenso zu lieben.“

Nach diesem besonderen Moment sprachen wir noch sehr lange miteinander. Ich spürte seinen Wunsch, das, was er erlebt hatte, auch anderen Menschen zugänglich zu machen. Frederick hatte so viel Lebenserfahrung und verfügte über so viel Bildung, doch wie die meisten Menschen hatte er bis dahin einfach nicht gewusst, wie sehr Gott ihn liebte, wie tief diese Liebe tatsächlich war. In den letzten Stunden seines Lebens wurde sein Herz mit dieser Liebe bis zum Rand gefüllt.

Wie kann man solche Erfahrungen, wie sie Frederick gemacht hat, erklären? Wer sonst als der Eine, der uns alle geschaffen hat und uns so innig liebt, könnte wissen, was jeder Einzelne von uns braucht, um wie ein kleines Kind nach einem langen Tag voller Kratzer und Schrammen in die Arme des Vaters zu laufen? Denn genau das tun wir am Ende unseres Lebens. Wir laufen nach Hause zum Vater, der uns gemacht hat, im Bewusstsein all der Dinge, die wir getan oder gelassen haben, im Vertrauen darauf, dass er unser reuevolles Herz kennt und uns trotz allem liebt.

Am nächsten Morgen, als ich zur Arbeit erschien, ging ich als Erstes in Fredericks Zimmer. Die Pflegerinnen, die sich am Abend zuvor um ihn gekümmert hatten, erzählten mir, er sei letzte Nacht ganz normal eingeschlafen und sei bisher nicht mehr richtig aufgewacht. Es war offensichtlich, dass er in Gottes Liebe ruhte und sich darauf vorbereitete, ohne Furcht zu ihm nach Hause zu gehen. Er blieb den ganzen Tag über in diesem Zustand.

Bevor ich an jenem Abend nach Hause fuhr, verabschiedete ich mich von Frederick. Ich dankte ihm dafür, dass ich seine Freundin sein durfte, und sagte ihm, dass Gott nicht selten solche spontanen Freundschaften arrangierte. Seine Augen waren noch immer geschlossen, doch er lächelte und gab mir damit zu verstehen, dass er mich gehört hatte. Als ich etwa zwanzig Minuten später zu Hause eintraf, sagte mir mein Mann, das Hospiz habe eben angerufen, um mir mitzuteilen, dass Frederick gerade gestorben ist.

Ira

„Dicke Tränen flossen langsam aus seinen geschlossenen Augenlidern."

Bitte schreibe diese Adresse auf und fahre direkt zu dem Patienten", so lautete die telefonische Anweisung aus dem Hospiz-Büro. Es gab noch keine weiteren Informationen über den Patienten, weil dieser erst am selben Morgen in das ambulante Hospiz-Programm aufgenommen worden war und es noch keine Akte über ihn gab. Der Mann hieß Ira, und seine Frau hatte im Hospiz angerufen und darum gebeten, dass noch am Nachmittag jemand vorbeikäme, um nach ihrem Mann zu sehen. War ich in der richtigen Verfassung für diesen Besuch? Eigentlich überhaupt nicht. Ich war müde, denn ich hatte ja den ganzen Tag über mit Sterbenden zu tun. Eigentlich wollte ich jetzt nur nach Hause, mit meiner Familie essen und mich dann ins Bett legen. Doch es sollte eben anders kommen, und so fuhr ich nicht gerade in bester Laune durch den abendlichen Verkehrsstau, bis ich das Hochhaus erreicht hatte, in dem Ira und seine Frau lebten. Ich schildere hier meine eigene Schwäche und meine Missgelauntheit, um deutlich zu machen, wie Gott mit seinen Kindern umgeht: Er tröstet die, die Trost brauchen, und korrigiert die, die eine Korrektur in ihrem Leben nötig haben – und beides kann in ein und derselben Situation geschehen!

Als ich an der Tür klingelte, war ich noch immer nicht in einer wirklich guten Verfassung. Eine ältere Frau öffnete die Tür. Sie nannte ihren Namen – Ruth –, und erklärte, sie müsse sofort zur Synagoge gehen, um „Vorkehrungen" zu treffen. Mit diesen Worten schob sie sich an mir vorbei und verschwand.

Wer ist Ira?, fragte ich mich. *Wie lautet seine Diagnose und wie ist sein Zustand?* Ich hatte ja keinerlei Hintergrundinformationen über diesen Patienten. Ich lief etwas zögernd durch die große Wohnung mit den hohen Wänden, bis ich ihn schließlich fand. Der große, dünne Mann lag ruhig im Bett, seine Augen waren geschlossen und sein Atem ging sehr flach. Sein Puls war kaum noch zu ertasten.

Ich sah mich in dem großen Zimmer um. Die Wände waren mit Dutzenden von Fotografien, Auszeichnungen, Briefen und Urkunden von Würdenträgern, Vorsitzenden und Generaldirektoren gepflastert. Offenbar war Ira ein berühmter Mann, der viel geleistet und Erfolg gehabt hatte und für seine Arbeit hoch geschätzt worden war.

Ich setzte mich auf einen Sessel neben seinem Bett, nahm seine Hand und hielt sie fest. „Ich sehe, dass Sie ein sehr erfülltes und erfolgreiches Leben geführt haben", sagte ich, wobei ich im Stillen betete, dass Gott mir die Worte geben möchte, die dieser Mann jetzt brauchte. „Ich sehe, dass Sie viel geleistet haben; und die Menschen, deren Leben durch Sie berührt wurde, haben offenbar eine hohe Meinung von Ihnen." Ich sah mir jede einzelne Auszeichnung in Ruhe an. Ich las sie laut vor und konnte mir dadurch ein recht genaues Bild von seinem Leben machen. Ich erfuhr, wo er in den 20er- und 30er-Jahren zu arbeiten begonnen hatte und dass er in verschiedenen Unternehmen Karriere gemacht hatte. Viele seiner Arbeitskollegen bescheinigten ihm, wie viel er für sie getan und geleistet hatte.

Ira öffnete während der langen Zeit, die ich brauchte, um alles zu lesen, niemals die Augen. Er wusste wohl, dass dieser Abschnitt seines Lebens zu Ende war. Sein Atem wurde immer flacher und seine Gesichtsfarbe veränderte sich, und so begann ich, ihm von Gottes Liebe zu erzählen. Ich wusste nicht, was genau er glaubte, ich wusste nur, dass er Jude war und im Sterben lag. „Ihr Gott ist der Gott Abrahams, Isaaks und Jakobs“, sagte ich. „Ihr Vater ist auch der Ihre und der meine. Ich kenne meinen Gott durch Jesus – er ist derjenige, den der Vater gesandt hat, um uns sicher zu sich nach Hause zu holen.“ Ich hörte seine Frau an der Haustür und sagte ihm, ich würde ihn jetzt verlassen, aber weiter für ihn beten und später anrufen, um nach ihm zu fragen.

Ira hatte sich in jenen Stunden, in denen ich bei ihm war, nicht ein einziges Mal bewegt. Es gab keine Anzeichen dafür, dass er mich hörte und verstand, doch als ich aufstehen und gehen wollte, drückte er meine Hand ganz fest und wollte sie nicht mehr loslassen. Überrascht blickte ich in sein Gesicht und sah dicke Tränen unter seinen geschlossenen Augenlidern hervorquellen. In solchen Momenten wie diesem kann ich spüren, wie Gott einen Menschen sanft berührt. Auf seine Weise und zu seiner Zeit offenbart er sich, und wir tun gut daran, in solchen Momenten innezuhalten und unsere Sinne zu schärfen, damit wir erkennen können, was er uns zeigt.

Ich hielt Iras Hand fest in der meinen, bis seine Frau das Zimmer betrat. Sie sagte, alles sei jetzt in Ordnung gebracht, und wirkte sehr erleichtert.

Ich entschuldigte mich, drückte Iras Hand ein letztes Mal und eilte zurück in mein Büro. Als ich dort eintraf, teilte mir die Rezeptionistin mit, dass Ruth gerade angerufen und mitgeteilt habe, dass Ira eben verstorben sei. Als ich kurze Zeit später mit Ruth sprach, machte sie einen völlig ruhigen Eindruck und erklärte, es sei für Ira so wichtig gewesen, dass sie alles in Ordnung bringen konnte, und sie war so froh, dass sie ihm diesen letzten Dienst hatte erweisen können. Als ich den Hörer auflegte, wurde mir ganz deutlich bewusst, dass Gott nicht nur Ira an diesem Nachmittag besucht und sich um ihn gekümmert hatte – er war auch mir begegnet und hatte mir Gutes getan.

Tante Helen

„George, kennst du einen Priester, der zu mir kommen kann?"

Meine Tante Helen war neunundneunzig, blind und beinahe taub, und lebte in einem Altenheim im Süden Floridas. Eines Tages rief sie meinen Mann an und fragte, ob wir vorbeikommen könnten, um sie vielleicht zu uns nach Jacksonville zu holen. Nicht in unser eigenes Haus, sondern nur irgendwo in unsere Nähe, damit wir sie von Zeit zu Zeit besuchen könnten. Sie war noch nicht zu hundert Prozent taub, sondern konnte noch einzelne Stimmen voneinander unterscheiden, und wenn man ganz nahe an ihr Ohr kam, konnte sie manchmal sogar verstehen, was man sagte. Tante Helen war die Tante meines Mannes väterlicherseits, und er hatte schöne Erinnerungen an die Zeit, als er noch ein kleiner Junge war und ihre Familien viel gemeinsam unternommen hatten. Einige Tage nach ihrem Anruf fuhren wir nach Florida, und obwohl sie sehr gebrechlich und die meiste Zeit über bettlägerig war, äußerte sie große Begeisterung, als wir ihr Zimmer betraten. Sie hatte Georges Stimme sofort erkannt, und sie weinte, als wir uns umarmten. Vor einiger Zeit hatte sie einen Busunfall überlebt, bei dem ihre fünfundneunzig Jahre alte Freundin umgekommen war, und nach der Behandlung im Krankenhaus war Helen zur Erholung in ein Pflegeheim eingewiesen worden. Der Sozialarbeiter des Krankenhauses hatte das Notwendige dafür in die Wege geleitet, nachdem von ärztlicher Seite festgestellt wurde, dass es nicht mehr möglich war, dass Helen weiterhin allein in ihrer Wohnung lebt. Für jemanden, der sein Leben lang selbstbestimmt gelebt hatte, war das natürlich ein schwerer Schlag. Sie fühlte sich in diesem Pflegeheim unsicher und einsam, und obwohl ihre Freundinnen sie regelmäßig besuchten, war es nicht mehr wie früher.

Wir sprachen ausführlich darüber, wie alles geregelt werden sollte – ihre Besitztümer mussten verkauft, bestimmte Dinge sollten besonderen Freunden übergeben werden, ihre Versicherungsunterlagen mussten überprüft werden, und wir mussten ein Pflegeheim in Jacksonville finden, das sie aufnehmen konnte. Der Umzug sollte so schnell wie möglich über die Bühne gehen. Wir blieben fast den ganzen Tag bei ihr und versprachen, nach unserer Heimkehr so rasch wie möglich alles für ihren Umzug zu arrangieren. Wenn man ein solches Alter wie Helen erreicht hat, blind und beinahe taub ist und sich zudem an einem Ort befindet, der einem nicht vertraut ist, scheinen alle Dinge in Zeitlupe zu geschehen. Tante Helen rief uns mehrmals am Tag an und fragte jedes Mal auf herzzerreißende Weise, ob wir auch wirklich alles so schnell unternahmen, wie es irgend ging.

Schließlich gelang es mir über eine Bekannte meiner Freundin Jackie, die ein nahe gelegenes Pflegeheim leitete, einen Platz für Tante Helen zu finden. Sie würde ein sehr schönes Zimmer haben, und das Heim war nur fünf Minuten von unserem Haus entfernt. Eines Morgens in der Frühe traten wir dann ein weiteres Mal die fünfstündige

Fahrt nach Südflorida an, um Tante Helen persönlich in ihr neues Zuhause zu bringen.

Welch ein Anblick war das! Tante Helen, mit Schlafanzug und Morgenrock bekleidet, eingewickelt in eine dicke Daunendecke, saß auf dem Beifahrersitz, ein Erfrischungsgetränk in der Hand, und der Katheter hing über dem Zigarettenanzünder. Während der langen Fahrt lief unablässig Musik und wir hatten viel Spaß zusammen. Habe ich schon die acht bis zehn Taschen mit Nachthemden, Kleidern, Pantoffeln, Morgenröcken, Bettjacken, Windeln, Lockenwicklern, Kulturbeuteln und Lebensmitteln erwähnt, die wir in den Kofferraum gestopft hatten, der sich nur noch mit Mühe schließen ließ? Während der Fahrt hatte Tante Helen nur sehr wenige Bedürfnisse, abgesehen von Schokoladenmilkshakes, für die wir dreimal während der Fahrt bei McDonald's halten mussten. George hielt sich kaum an die Geschwindigkeitsbegrenzungen, wie ich zugeben muss, und wir mussten bei der Vorstellung, dass ein Verkehrspolizist unsere fröhliche Fahrt unterbricht, unweigerlich lachen.

Spät am Abend kamen wir im Pflegeheim an; wir fühlten uns wie Vagabunden, die aus der Wüste kamen. Das Personal empfing uns mit offenen Armen und rasch brachten die Pflegeschwestern Tante Helen zu Bett. Sie fühlte sich geborgen wie ein Neugeborenes in den Armen der Mutter.

Tag für Tag brachte Tante Helen ihre Dankbarkeit zum Ausdruck, und jeden kleinen Wunsch, der ihr erfüllt wurde, etwa eine besondere Wurst, ein Bier oder ein Orangeneis, würdigte sie sehr. Es war eine Freude, sie zu besuchen, und die Pflegerinnen, die sich um sie kümmerten, betrachtete sie als ihre persönlichen Engel.

Tante Helen war ein sanfter und freundlicher Mensch, eine Frohnatur, und selbst jetzt, wo sie neunundneunzig Jahre alt war, brachte sie die anderen noch zum Lachen. Sie liebte ihren Bruder und seine Kinder, und ich erinnere mich noch gut an die selbst gemachten Geburtstagskarten, die sie unseren Jungen geschickt hatte, als sie noch klein waren. Tante Helen hatte nie geheiratet, doch sie war mit vielen Menschen in ihrem Umfeld verbunden und nahm jeden so an, wie er war.

Einige Wochen nach Helens Umzug fuhr ich mit meinem Mann über ein Wochenende weg, weil wir beide dringend Erholung brauchten. Zuvor sorgten wir aber dafür, dass sich unsere Freundin Dianne, eine Hospiz-Schwester, während dieser Zeit um Tante Helen kümmerte. In diesen zwei Tagen trat eine große Veränderung bei Helen ein und Dianne besorgte für sie in kürzester Zeit einen Platz im Hospiz. Wunderschöne blaue Daunendecken aus Diannes Haus bedeckten Tante Helens Bett, und ihr schmächtiger Körper war in ein reizendes, weißes Nachthemd von Diannes eigener Großmutter gekleidet. Tante Helen war nie eine Kirchgängerin gewesen, doch sie war ihr Leben lang außerordentlich großzügig und freundlich gewesen. Jetzt fragte sie nach einem Priester, der sie besuchen könne, und Monsignore Mort Danaher und Vater Greg Fay eilten sofort zu ihr. Sie brachten ihr einen Trost, den sie nie zuvor gekannt hatte. Auch die Hospizschwestern kümmerten sich liebevoll um Helen – bis sie ihren letzten Atemzug tat.

Wir waren so froh über alles, was für Tante Helen getan werden konnte: über die Vorkehrungen, die Jackies Bekannte für die Aufnahme im Pflegeheim traf, über das

Personal, das uns immer, wenn wir Tante Helen besuchten, zur Seite stand, und über Diannes liebevolle Fürsorge während unserer Abwesenheit. Nichts war versäumt worden, alle hatten sich bis zum Schluss hingebungsvoll um ihre Bedürfnisse gekümmert. Wir sahen all diese Umstände als Zeichen eines tröstenden und liebenden Gottes, der uns geschaffen hat, um uns auf diese Weise zu lieben. Es hätte nicht besser sein können.

Diane

„Und wenn ich euch sagen würde,
dass es Gott gefallen hat,
meine Seele und meinen Geist zu heilen,
aber nicht meinen Körper?"

Diane war erst einundvierzig, als die Diagnose gestellt wurde. Ihre Ausstrahlung war einfach umwerfend – sie hatte rotes Haar, blaue Augen und besaß eine starke Persönlichkeit mit unnachahmlicher Lebensfreude. Sie war verheiratet mit einem attraktiven Mann und hatte drei Kinder zur Welt gebracht. Das Leben hatte es gut mit ihr gemeint.

Diane und ich waren mehr als zehn Jahre zuvor Freundinnen geworden, als sie eine Kosmetikparty bei mir zu Hause besucht hatte. Als sie die Party verließ, lud ich sie ein, einmal morgens auf eine Tasse Kaffee vorbeizuschauen. Am nächsten Morgen stand sie sogleich um acht Uhr auf meiner Matte. Wir tranken also zusammen Kaffee, und unsere Freundschaft nahm ihren Lauf.

Meine und ihre Kinder wuchsen gemeinsam auf, und da unsere Ehemänner oft auf Geschäftsreise waren, verbrachten wir so manchen Abend zu zweit in ihrem Souterrain, wo wir Kleider nähten und über das Leben, unsere Hoffnungen, Träume und Sorgen sprachen. Ich war nicht besonders geschickt im Nähen, aber Diane ging mir großzügig zur Hand.

Beide mussten wir mehrmals umziehen, wenn es die Arbeit unserer Männer erforderte, doch immer blieben wir in Kontakt und waren füreinander die beste Freundin.

Oft führten wir tiefe Gespräche – auch über den Glauben. Diane hatte eine große Sehnsucht nach Gott und suchte nach einer tieferen Beziehung zu ihm. Wir sprachen viel über Gottes Liebe und über die Bedeutung, die er in unserem Leben einnahm. Wenn einer von uns beiden gerade eine schwere Zeit durchmachte, kam Diane abends zu mir. Sie sammelte Gebete, die sie besonders berührten, und las sie laut vor, wenn wir uns trafen. Ich wusste, dass Gott etwas Neues für Diane plante, etwas, das sie und ihre Familie künftig stark bewegen würde.

Einige Jahre zogen ins Land, und eines Tages rief sie aus Atlanta an. Sie erzählte, sie und ihre Familie würden in zwei Wochen in die Kirche aufgenommen werden. Sie wünschte sich, dass wir alle kommen und an diesem besonderen Ereignis teilnehmen könnten, auf das Gott sie so lange vorbereitet hatte. Für sie hatte eine neue Phase ihrer Beziehung zu Gott begonnen, und diese neue, aufregende Erfahrung sollte ihren Mann und ihre Kinder nachhaltig beeinflussen. Die Jahre vergingen, die Kinder wuchsen heran, und Diane arbeitete erfolgreich im Immobiliengeschäft.

Dann kam ein Anruf. Diane hatte eine Art Anfall gehabt und war bei einer Hausbesichtigung in Ohnmacht gefallen. Eine Reihe von Untersuchungen folgte. Sie war doch noch so jung, so lebensfroh und glücklich! Sie konnte doch unmöglich ernsthaft krank sein? Doch sie war tatsächlich krank. Man diagnostizierte Lungenkrebs, der in die Wirbelsäule und ins Gehirn gestreut hatte. Es sah gar nicht gut aus. Alles was versucht wurde, um den Verlauf der Krankheit zu verzögern – Medikamente, eine besondere Diät und vieles andere – schlug fehl.

„Schalte schnell den Fernseher ein", sagte sie eines Morgens früh am Telefon. „In Boston gibt es einen Priester namens Vater Ralph D'Orio, der die Gabe des Heilens hat. Würdest du mit mir zu ihm fahren? Wir könnten uns in Atlanta treffen und gemeinsam nach Boston fliegen, und Lisa wird auch mitkommen." Lisa war ihre Tochter. In kürzester Zeit arrangierten wir alles und flogen nach Boston. Wir machten uns auf den Weg zu der kleinen Kirche, in der Vater D'Orio predigen sollte.

Das war eine ganz neue Erfahrung für uns! Hunderte von Gläubigen drängten sich in der kleinen Kirche, man sah viele schwer kranke Kinder und Leute in Rollstühlen und auf Krankentragen. Der Gottesdienst begann. In meinen Gebeten dachte ich stets an Diane und bat Gott inständig, er möge seine Arme um sie legen und sie ganz festhalten. Ich flehte ihn an, sie zu heilen, und sagte ihm immer wieder, wir würden sie ihm an seinem Kreuz zu Füßen legen, in dem Wissen, dass er sie mehr liebte, als wir es konnten, und dass wir seiner Fürsorge für sie vertrauten.

Dann kam der Moment, in dem Vater D'Orio alle diejenigen, die ein Gebet um Heilung wünschten, aufforderte, nach vorn zu kommen. Einem nach dem anderen legte er die Hände auf, und zum ersten Mal in unserem Leben sahen wir, was es bedeutet, „vom Geist geschlagen" zu sein: Die Menschen fielen zu Boden und wurden von Freiwilligen aufgefangen. Wir waren erstaunt, ja verblüfft über das, was wir sahen, und Diane erklärte laut und deutlich, so etwas Verrücktes würde sie nicht mitmachen. Wir versuchten sie zu überzeugen, dass wir nicht diesen langen Weg auf uns genommen hätten, um jetzt aufzugeben. Widerstrebend machte sie sich schließlich auf den Weg nach vorn zum Altar, und als der Geistliche auf sie zukam, fragte er sie, woran sie litt. Sie erklärte, sie habe Lungenkrebs mit Metastasen in der Wirbelsäule und im Gehirn. Er legte seine Hände zunächst auf ihren Kopf, dann auf ihre Brust und ihren Rücken, bevor er seine Arme um sie legte. Während wir zusahen, wie der Geistliche für Diane betete, schien die Zeit stillzustehen. Es war, als ob Jesus selbst gekommen wäre, um sie zu berühren und zu heilen. Dann nahm Vater D'Orio ihre Hände und ging mit ihr die Mamorstufen zum Altar hinauf, bis sie direkt vor dem lebensgroßen Kreuz standen. Dort legte er ihr erneut die Hände auf und betete, worauf sie zu Boden fiel und ungefähr zwanzig Minuten lang dort liegen blieb.

Als sie wieder zu sich gekommen war und auf uns zusteuerte, lächelte sie und sagte: „Habe ich das wirklich gewagt?" Sie strahlte über das ganze Gesicht und war völlig ruhig. Am nächsten Tag flogen wir heim, ohne zu wissen, was das alles für Dianes Leben zu bedeuten hatte.

Sie kehrte auf die karibischen Inseln zurück, wo sie therapiert wurde, doch ohne sichtbaren Erfolg. Eines Morgens rief sie mich in der Frühe an – es war nur wenige Wochen nach unserer Rückkehr aus Boston. „Was würdest du denken, wenn ich dir sagte, dass Gott beschlossen hat, meine Seele und meinen Geist zu heilen, aber nicht meinen Körper?", fragte sie mich.

„Nun, wie fühlst du dich damit?", fragte ich zurück und wartete gespannt auf die Antwort.

„Es scheint mir richtig zu sein, und ich kann es akzeptieren", erwiderte sie. „Ich habe darüber Frieden gefunden." Diane hatte offenbar eine neue Wahrnehmung und eine neue Sicht auf ihre Situation entwickelt. Sie sagte, sie würde bald nach Atlanta kommen und dann würden wir uns ausführlicher darüber unterhalten.

Es gibt Menschen, die besonders intensiv leben. Sie lieben mit besonderem Engagement, teilen mit Hingabe, und vertrauen mit einer Entschlossenheit, die den gesunden Menschenverstand übersteigt. Dianes Leben war zwar kurz, doch sie hatte so intensiv gelebt, wie andere es in der doppelten Zeit an Jahren nicht schaffen.

Etwa eine Woche nach besagtem Telefongespräch rief ihre Tochter Lisa an. Diane war von den Inseln zurückgekehrt und befand sich im Krankenhaus. Sie war sehr geschwächt, und es sah nicht gut mit ihr aus. Ihre ganze Familie war nun um sie. Wir fuhren sofort mit Höchstgeschwindigkeit nach Atlanta, voller Sorge, ob wir sie noch ein letztes Mal sehen würden. Es sollte nicht sein. Auf dem Weg sahen wir in der Abenddämmerung eine große, wundervolle Sternschnuppe und hielten auf dem Highway an einer öffentlichen Telefonzelle an, um im Krankenhaus anzurufen. Man sagte uns, dass Diane soeben verstorben sei.

Wenn ich auf die Zeit mit Diane zurückschaue, dann sehe ich eine lebenslustige, dynamische Frau vor mir, die bleibende Spuren in den Herzen vieler Menschen hinterlassen hat. Mit ihrem ausgeprägten Humor, ihrem Lebenshunger und ihrer tiefen, zärtlichen Liebe hat sie dafür gesorgt, dass alle Erinnerungen an sie auch nach mehr als neunundzwanzig Jahren nicht verblasst sind. Diane hatte eine verblüffende Ähnlichkeit mit der Schauspielerin Shirley MacLaine. Freunde und Angehörige brauchen nur einen Film mit Shirley MacLaine zu sehen, um an Diane erinnert zu werden, selbst nach so vielen Jahren. Ihr herzhaftes Lachen, ihre Art, sich die Nase zu reiben, bevor sie einen Witz erzählte, ihre herzliche und liebevolle Art ist so stark in unser Gedächtnis eingegraben, als ob sie uns gestern erst verlassen hätte.

Ich bin fest davon überzeugt, dass das Leben ihres Mannes und ihrer Kinder mit Gnade erfüllt waren, weil Gott Diane viele Jahre zuvor einen so starken Glauben geschenkt hatte. Heute ist die Familie in ihrer Gemeinde in Atlanta sehr engagiert, und ich bin sicher, dass Gott genau das beabsichtigt hatte, als er die Familie viele Jahre zuvor in diese Gemeinde geführt hatte.

Großmutter

„Der Dampfer ist da."

Das Leben ist ein Kreis, der sich irgendwann schließt. Zwischen der Geschichte mit dem Titel „Großvater" am Anfang dieses Buches und dieser Geschichte hier liegen zweiundzwanzig Jahre. Als Großvater starb, war Großmutter siebzig, und sie traf ihn mit zweiundneunzig Jahren im Himmel wieder. Die zweiundzwanzig Jahre, die sie nach dem Tod ihres Mannes auf der Erde verbrachte, waren ein ziemliches Abenteuer.

Ann Lamprecht wurde in den 20er-Jahren in Deutschland geboren. Per Schiff siedelte sie mit ihrer Familie in die USA über, mit wenig mehr als den Kleidern, die sie auf dem Leib trugen. In jenen Tagen ging es nur ums nackte Überleben. Viele Dinge waren für Ann nicht erschwinglich, und sie lernte früh, dass man hart arbeiten muss, um überhaupt irgendetwas zu haben und einigermaßen über die Runden zu kommen.

Schon als kleines Mädchen hatte Ann stets das Gefühl, nur dann geliebt zu werden, wenn sie etwas dafür leistete. Ich erwähne dies, weil sie seit ihrer Kindheit mit dieser Idee lebte und erst sehr spät in ihrem Leben ein neues Verständnis für die Liebe erlangte, die keine Bedingungen stellt – für eine Liebe, die es nur um ihrer selbst willen gab.

Die ersten zehn Jahre nach Großvaters Tod waren sehr turbulent, denn als er noch lebte, hatte sie sich ganz der Aufgabe verschrieben, ihren Ehemann glücklich zu machen. Ann hatte diese Rolle wirklich geliebt, doch diese Zeit war nun vorbei und eine neue Lebensphase begann. Nun hatte sie Zeit nur für sich und war für alles offen, was das Leben noch für sie bereithielt.

Sie spielte Golf und Bridge mit ihren Freundinnen, ging oft aus, übernahm ehrenamtliche Aufgaben in ihrer Kirchengemeinde, besuchte ältere Menschen in Pflegeheimen, ging regelmäßig zum Gottesdienst und führte alles in allem ein geschäftiges und glückliches Leben.

Sie schien diese Zeit sehr zu genießen. Dann, nach einer Reihe kleinerer Schlaganfälle, sahen wir, dass sie Tag für Tag ein wenig schwächer wurde, obwohl die Anfälle keine sichtbaren Spuren hinterlassen hatten. Es war an der Zeit, darüber nachzudenken, wie sie ihre Zukunft gestalten sollte.

An ihrem achtzigsten Geburtstag machten wir einen Überraschungsbesuch. Sie war außer sich vor Freude. Nach einem leckeren Abendessen, bei dem wir viele Geschichten über Großvater hörten, begannen wir das Thema anzusprechen.

Wir tasteten uns vorsichtig an die Sache heran und versuchten so sensibel wie möglich zu sein, doch es führte zu nichts. Plötzlich sagte Jon, unser mittlerer Sohn: „Großmutter, hör mal zu! Du hast einen schweren Schlaganfall gehabt, du kannst nicht mehr richtig laufen und sprechen. Du brauchst bald jemanden, der dich versorgt. Schau mal, es gibt drei Möglichkeiten: Erstens: Du kannst hier zu Hause wohnen bleiben, dann werden wir eine Pflegekraft engagieren. Zweitens: Du kannst in ein nahe gelegenes

Pflegeheim ziehen, in dem deine Freunde dich jederzeit besuchen können. Drittens: Du könntest auch zu uns nach Jacksonville ziehen. Was denkst du?“

Wir mussten alle ziemlich lachen, weil unser Sohn die Angelegenheit so unverblümt angesprochen hatte, und wir begannen, die Vorteile und Nachteile jeder Option abzuwägen. Es war ein ziemlich lebhafter Wortwechsel, und als es schließlich wieder still wurde, sah Großmutter uns lächelnd an und sagte einfach: „Ich möchte nach Jacksonville kommen und bei euch leben, wenn der Zeitpunkt gekommen ist.“ Ende der Diskussion. Wir würden wissen, wann dieser Zeitpunkt gekommen war, und dann würde sie bei uns einziehen, bis sie Großvater im Himmel wiedersehen würde.

Eines Nachmittags kam ein Anruf von Sandra, einer Nichte, die bei Großmutter aufgewachsen war. Auch sie war zu dem Schluss gekommen, dass Ann nicht länger allein leben können würde, und teilte uns besorgt ihre Bedenken mit. Wir fühlten uns durch diesen Anruf bestätigt, und innerhalb weniger Stunden waren wir bei Großmutter in Südflorida. Sie lächelte, als wir eintrafen, und versicherte uns, es gehe ihr gut, und sie sei glücklich, dass wir gut angekommen seien. Jetzt wolle sie ins Bett gehen. Keine zwei Minuten später hörten wir einen dumpfen Aufprall und rannten in Windeseile in ihr Zimmer. Großmutter lag auf dem Fußboden und reagierte kaum, als George sie vorsichtig hochhob und aufs Bett legte. Nach einigen Minuten fragte sie, was mit ihr passiert sei, und wir fragten uns, wie oft sich dieser Vorfall wohl schon ereignet hatte.

Am nächsten Morgen riefen wir ihren behandelnden Arzt an und fragten, wann sie zuletzt bei ihm gewesen sei.

Großmutter hatte uns stets gesagt, der Arzt sei zufrieden mit ihr. Nun sagte er uns ganz klar, dass sie Betreuung bräuchte und erklärte sich bereit, ihre Patientenakte an einen befreundeten Arzt in Jacksonville weiterzuleiten. Dieser sollte sich von nun an um sie kümmern.

Als Großmutter an jenem Morgen aufwachte, berichteten wir ihr von dem Gespräch mit ihrem Arzt, und sie war erstaunlicherweise sofort mit seiner Empfehlung einverstanden und bereit, mit uns nach Jacksonville zu kommen. Ihre Bereitwilligkeit ließ uns ahnen, wie sehr sie bisher ihre gesundheitlichen Probleme für sich behalten hatte, und wie erleichtert sie war, jetzt zu uns ziehen zu können. Mit zweiundachtzig begann eine neue Phase, ein neues Abenteuer in ihrem Leben.

Noch Jahre nach ihrem Umzug gab es immer wieder Momente, in denen sie darüber lachte, dass sie geglaubt hatte, es würde alles so sein wie bei Großvater: Sie würde zu uns kommen, unsere Pflege genießen und innerhalb von zwei oder drei Monaten in den Himmel gehen. Doch es kam anders, sie lebte noch volle zehn Jahre. Das war auch eine Herausforderung für uns, die uns aber allen geholfen hat, innerlich zu wachsen – auf eine Weise, die wir uns nicht hätten vorstellen können. Durch Großmutter konnten wir Gottes Angesicht ganz neu erkennen, und wir hatten die Gelegenheit, ihr die Liebe zu geben, mit der Gott uns beschenkt. Dennoch würde ich lügen, wenn ich sagen würde, dass es immer einfach war. Gott prüfte und läuterte uns alle durch das Zusammenleben mit Ann und erteilte uns viele wertvolle Lektionen.

Da ich und mein Mann George berufstätig waren, riefen wir Großmutter mehrmals am Tag an, um mit ihr in Verbindung zu bleiben. George war es möglich, seine Arbeitszeiten relativ frei zu gestalten, sodass er mit Großmutter einkaufen gehen, sie zum Friseur und zum Arzt fahren oder mit ihr in irgendeinem Restaurant zu Mittag essen konnte. Sie genoss solche Augenblicke ganz allein mit ihrem Sohn sehr. Die beiden brauchten gar nicht viel miteinander zu reden.

In den zehn Jahren, die Großmutter bei uns wohnte, fuhr sie einmal pro Jahr für eine Woche nach Boston, um Sandra zu besuchen, die sie sehr liebte. Sandra war von Berufs wegen sehr in Psychologie bewandert und trug maßgeblich dazu bei, dass Großmutter nach Großvaters Tod zu einem ganz neuen Verständnis ihres Lebens gelangte.

Oft rief ich Ann nachmittags von der Arbeit aus an und fragte, ob sie am Abend mit uns ausgehen wollte, und sie sagte niemals Nein. Wir fuhren zum Chinesen oder aßen Hummer in einem Fischrestaurant, und manchmal wollte sie in unserem Klub essen, um sich besonders fein machen zu können. In der Regel waren die Portionen viel zu groß und wir ließen uns den Rest einpacken. Mehr als einmal kam es vor, dass wir das Paket auf dem Dach des Autos vergaßen, und wenn ich Gas gab, sahen wir Schinkenröllchen, Hummerschwänze oder Geflügelreis durch die Luft segeln. Dann brachen wir jedes Mal in Gelächter aus. Das waren jene Abende, an denen wir darüber sprachen, wie sehr wir Großmutter liebten und wie froh wir waren, dass sie bei uns wohnte. Großmutter hat ihr Leben lang nie viel über ihre Gefühle geredet, doch als sie älter wurde und erkannte, wie sehr sie einfach um ihrer selbst willen geliebt wurde, fiel es ihr zunehmend leichter, ihre Gefühle mitzuteilen. Sie fragte mich oft, wie es kam, dass ich sie so gern hatte. In solchen Momenten lachten und weinten wir zusammen, wobei ich dann meistens sagte, sie sei doch erst seit ein oder zwei Jahren bei uns (obwohl es schon mehr als sieben oder acht Jahre waren). Dann lachte sie durch ihre Tränen hindurch.

Als ihr Zustand sich verschlechterte und sie nicht mehr zur Kirche oder zum Einkaufen fahren konnte, wurde es noch wichtiger für sie, mit anderen zusammen zu sein, auch wenn sich ihr Radius nun verkleinerte. Wir brachten zusätzliche Stufen und ein Geländer in ihrem geliebten Garten an, wo sie Stunden damit zubrachte, Unkraut zu zupfen, Büsche zu beschneiden und die Blumen zu pflegen. Dann und wann fiel sie hintenüber, und dann rief sie nach unserem Nachbarn, nach George oder nach mir. Unsere Nachbarn hatten stets ein Auge auf Großmutter, wann immer sie draußen im Garten war, und sie war jedes Mal überrascht, wie schnell wir bei ihr waren, wenn sie gefallen war. In jenen Tagen stürzte sie immer öfter, und wenn niemand zugesehen hatte, stahl sie sich für ein Schläfchen in ihr Zimmer, ohne irgendein Wort darüber zu verlieren. Sie wollte uns unter keinen Umständen zur Last fallen, und so ahnten wir manchmal nur anhand einer Beule oder eines blauen Flecks, dass sie wieder hingefallen war.

Acht Jahre waren mittlerweile ins Land gezogen, und wir feierten Großmutters neunzigsten Geburtstag mit den Menschen, die sie am meisten liebte. Sie sah so schön aus wie immer und genoss die Aufmerksamkeit, die ihr an diesem besonderen Tag zuteilwurde. Ihre Kräfte nahmen nun spürbar ab, und sie sagte immer öfter zu mir: „Warum liebt ihr mich so sehr? Ich kann doch jetzt gar nichts mehr für euch tun." Dann erinnerte ich sie stets daran, dass sie mir mehr als vierzig Jahre lang eine wundervolle Schwiegermutter gewesen war, und so fiel es mir leicht, sie nun zu lieben und mich um sie zu kümmern. Sie hatte einen so positiven Einfluss auf mich, und ich war glücklich, dass sie bei uns war.

In der Regel endete unser Tag damit, dass wir uns gemeinsam zwei Episoden von *The Golden Girls* ansahen, und Großmutter lachte herzlich über die alte Mutter, bei der sie so viele Dinge entdeckte, die auch ihr eigenes Leben ausmachten. Sie liebte ihre derben Witze, die sie oft kichernd wiederholte, und manchmal dachte ich, sie würde uns vielleicht gern heimleuchten wie Dorothys Mutter in der Sendung.

Als Großmutter einundneunzig wurde, verschlechterte sich ihr körperlicher Zustand noch mehr. Sie litt an keiner besonderen Krankheit, doch sie schwand immer mehr vor unseren Augen dahin. Oft sagte sie, es sei jetzt bald so weit, und sie schien diese Tatsache vollkommen zu akzeptieren und sich sogar darauf zu freuen. Ich habe das oft bei sehr alten Patienten und auch bei jüngeren gesehen, die an einer chronischen Krankheit litten und sich in der Endphase der Krankheit befanden. Es ist nicht etwa so, dass sie unbedingt sterben und ihre Lieben zurücklassen wollen, sondern mehr eine Art Empfinden, dass sie ihr Leben gelebt haben und nun bereit sind, in ein neues Leben – die Ewigkeit – einzutreten.

Wir wussten, dass wir die zusätzliche Hilfe, die das Hospiz leisten konnte, für Großmutter benötigen würden, also riefen wir eines Nachmittags dort an. Am nächsten Morgen kam eine Hospiz-Mitarbeiterin zu uns, und wir wurden mit einem Team von Profis bekannt gemacht, die uns künftig bei der Pflege der Großmutter unterstützen würden. Großmutter mochte die Krankenschwestern, Ärzte, Sozialarbeiter und Ehrenamtlichen, die sie zu Hause besuchten, sehr. Sie genoss die Aufmerksamkeit und Zuwendung, und sie war auch dankbar dafür, dass wir uns durch die Unterstützung und Beratung des Pflegepersonals ebenfalls getröstet und aufgefangen fühlten.

Ein Monitorsystem in Großmutters Zimmer sorgte dafür, dass sie in der Nacht ständig überwacht wurde. Sie brauchte nur unseren Namen zu rufen, um innerhalb weniger Sekunden jemanden neben ihrem Bett zu haben. Wir hatten mit ihr vereinbart, dass sie nicht allein aufstehen sollte, doch eines Nachts kam unser Sohn Ken um drei Uhr morgens in unser Schlafzimmer gerannt, um uns zu sagen, dass Großmutter im Bad auf den Boden gefallen war und sich ernsthaft verletzt hatte. Wir hoben sie so behutsam wie möglich auf, legten sie auf ihr Bett, wuschen und kleideten sie neu an und deckten sie mit mehreren Decken zu, da sie sehr stark zitterte. Nach einem kurzen Anruf bei ihrer Hospiz-Schwester Dianne konnten wir sie sofort – für den Rest der Nacht – ins Hospiz bringen.

Es war Mitte November, und Großmutter reagierte in den folgenden sechs Tagen kaum noch. Wir bemühten uns, es ihr so bequem und angenehm wie möglich zu machen. Wir riefen Freunde und Verwandte an, und in der nächsten Zeit kamen viele Besucher. In dieser Zeit wurde sie wieder etwas wacher. Mein Sohn George blieb mehrere Tage. Der Anblick meines Sohnes Jon, wie er neben ihrem Bett kniete, hat sich für immer in mein Herz eingegraben. Jeder von uns verbrachte Momente ganz allein mit ihr, in denen wir ihr unsere Liebe bezeugten und ihr für alles dankten, was sie für uns gewesen war.

Mehrmals pro Tag fragte mich Großmutter, ob ihr Zimmer auch direkt neben meinem Büro lag. Es gab ihr offenbar viel Trost, mich den ganzen Tag über bei ihr ein- und ausgehen zu sehen. Die gleichbleibende Aufmerksamkeit ihrer Angehörigen, ganz zu schweigen von den „Engeln in Uniform", die sich um sie kümmerten, gaben ihr einen tiefen Frieden. Auch Freunde aus der Gemeinde kamen vorbei, sie sprachen von Gottes Liebe zu ihr und sangen ihr Lieder vor. Sie hatte alles, was sie brauchte. Ken, unser jüngster Sohn, hatte am Wochenende einen Auswärtstermin und machte sich Sorgen, dass er nicht da sein könnte, wenn Großmutter sterben würde. Bevor er wegfuhr, hatte er ein sehr bewegendes Gespräch mit ihr und sagte ihr, sie solle nirgendwohin gehen, bevor er zurückkam. Ken und Großmutter hatten seit seiner Kindheit eine sehr intensive Beziehung zueinander, und sie verstand sehr gut, was er meinte. Sie lächelte, als er sie zum Abschied küsste.

Eines Morgens kam ich in ihr Zimmer und sah Sandra an ihrem Bett sitzen. „Großmutter hat uns heute Morgen etwas ganz Besonderes zu erzählen", sagte sie und ermunterte sie, ihre Worte für mich zu wiederholen.

„Der Dampfer ist da, meine Liebe", sagte sie mit einem leisen Lächeln. „Weißt du, was das ist?"

„Steigst du jetzt auf den Dampfer?", fragte ich.

„Nein, noch nicht", sagte sie. „Nummer sieben, acht und neun sind noch vor mir dran."

„Woher weißt du, wann du an der Reihe bist?", fragte ich.

„Oh, sie sind sehr nett hier, weißt du, sie holen mich, wenn ich dran bin", sagte sie, als ob sie über etwas ganz

Alltägliches sprechen würde. Großmutter hatte nie viele Worte gemacht. Sie erklärte uns nun ganz fröhlich und gelassen, dass das Dampfschiff im Hafen auf sie wartete, doch dass andere noch vor ihr dran waren, bis man sie holen würde. Während sie das erzählte, lächelte sie und wirkte völlig entspannt und zufrieden.

Möglicherweise spielte bei diesem metaphorischen Bild der Umstand eine Rolle, dass sie als Zweijährige mit einem Schiff über den Ozean fuhr. Nun würde sie bald ihre letzte Reise antreten. Das Dampfschiff würde sie in den Himmel holen, der – wie sie fest glaubte – auf sie wartete.

Sie starb am Abend des nächsten Tages, genau zu dem Zeitpunkt, als Ken in ihr Zimmer kam und ihr ins Ohr flüsterte, dass er eben zurückgekommen sei. Ich bin davon überzeugt: Sie wusste, dass Ken wie versprochen da sein würde. Und ich bin sicher, dass der ganze Himmel sich freute, als sie dort eintraf.

Unser Leben ist eine Reise. In jeder Minute unseres Lebens lernen wir Neues. Niemand außer Gott, der uns geschaffen hat, weiß, was sich in unserem „Reisekoffer" befindet, wenn wir im Mutterleib empfangen werden. Nur Gott allein kennt den Prozess, der uns zu geistlicher Reife führt, und nur er weiß, wie leicht oder schwer die Lektionen für uns sein werden. Er sorgt für den Reiseproviant, der nötig ist, um gut ans Ziel zu kommen, aber wir müssen bereit sein, von jedem einzelnen Menschen zu lernen, den er uns über den Weg schickt. Wenn wir in dieser Haltung leben, werden die von Gott gewobenen Fäden das Stickwerk unseres Lebens vollenden – ein kunstvolles Geflecht, das wir hier auf der Erde noch nicht sehen können.

Großmutter erlaubte es Gott, ihr in den zehn Jahren, die sie bei uns lebte, das beizubringen, was sie lernen sollte; und wir haben in dieser Zeit gelernt, zu der Familie zusammenzuwachsen, die wir nach seinem Plan sein sollten. Wir werden ewig dafür dankbar sein, dass sie Gottes Werkzeug war, um uns zu vervollkommnen.

Mami

„George, bitte bring mich jetzt zu John."

Margaret Mary Fitzpatrick war zwei Jahre alt, als ihre Mutter an Tuberkulose starb, und erst im Alter von sieben Jahren, als ihr Vater erneut heiratete, fand sie wieder ein festes Zuhause. Bis dahin lebte sie abwechselnd bei Tanten oder Cousinen und später in einer Kinderpension, in der ihr Vater sie jeden Abend nach der Arbeit besuchte. Sie fragte sich oft, warum sie beim Klang von klassischer Musik immer so furchtbar traurig wurde. Erst Jahre später erfuhr sie, dass ihre Mutter jeden Tag Klavier gespielt hatte und dass diese Musik eines Tages ein abruptes Ende gefunden hatte. Ihre Sehnsucht nach Liebe und Zugehörigkeit wurde erst gestillt, als sie meinen Vater, John Joseph Patrick Horan, kennenlernte.

Margaret Mary und mein Vater – zwei ganz und gar unterschiedliche Persönlichkeiten – wurden 1935 getraut. Gemeinsam zogen sie vier Töchter groß, mit wenig finanziellen Mitteln, viel harter Arbeit, großer Entschlossenheit, unermüdlicher Liebe und beständigem Gebet. Tag für Tag, bei Regen oder Sonnenschein, gingen sie eine Meile zu Fuß in die kleine Stadt Tappan bei New York. Eine meiner schönsten Kindheitserinnerungen ist die, wie meine Eltern uns Kinder sonntags auf Rodelschlitten zur Kirche zogen, wobei sie ein Seil um ihre Hüften geschlungen hatten.

Als mein Vater 1973 starb, war Mama erst 65 Jahre alt und hatte noch viele Jahre vor sich, in denen sie viel reiste und sehr engagiert zahlreiche Aufgaben in ihrer Kirchengemeinde übernahm. Sie las viel, brachte sich selbst mehr als 150 Lieder auf der Orgel bei und liebte ihre Kinder und Enkel von ganzem Herzen. Ich sehe sie noch vor mir, wie sie die knappe Autostunde von ihrem Haus zu meinem mit heruntergekurbelten Scheiben zurücklegte; ihre weißen Haare flatterten im Wind und sie genoss für jedermann hörbar klassische Musik. Mama war lustig, diszipliniert, sanft, hübsch, entschlossen, eigensinnig und stets mit Gott verbunden. Sie berührte das Herz eines jeden, der ihren Weg kreuzte, mit ihrer ausgeprägten Herzlichkeit und Spiritualität.

Maureen, meine älteste Schwester, hatte schon vor Papas Tod bei Mama gelebt und blieb bei ihr, bis Mama fast neunzig war. Zu diesem Zeitpunkt wurde es immer schwieriger für sie, tagsüber allein zu bleiben, wenn Maureen arbeitete, und so verbrachte Mama zwei oder drei Tage pro Woche bei Maggie, die ganz in der Nähe lebte. Mama liebte es, Zeit mit Maggie und ihrem Mann Jim zu verbringen. Sie hatten eigens für sie ein sehr schönes Zimmer eingerichtet. „Ihr seid einfach wundervoll“, sagte sie, wenn sie sich liebevoll um sie kümmerten, sie wie eine Königin behandelten, ihre Lieblingsdesserts servierten und sie immer wieder zum Lachen brachten. Im Laufe der Jahre entwickelten Mama und Maggie eine tiefe Freundschaft. Sie konnten einander vorbehaltlos lieben. Mama war ihr Leben lang stark und unabhängig gewesen, und sie wollte gern so bleiben, auch als sie schwächer und gebrechlicher wurde.

Meine jüngste Schwester Anne kam regelmäßig aus New Jersey zu Besuch und brachte meiner Mutter eine ganz besondere Zuneigung entgegen. Anne war stets diejenige, die immer alles richtig zu machen versuchte, sehr hilfsbereit war und auch ihr letztes Hemd gegeben hätte. Nun versuchte sie nach Kräften, für Mamas Wohlbefinden zu sorgen. Sie wollte nicht akzeptieren, dass Mamas Kräfte langsam nachließen, und wünschte sich so sehr, dass sie für immer bei uns bleiben könnte. Als Mama schließlich starb, war der Verlust für Anne, das Nesthäkchen, vermutlich noch schwerer als für die übrige Familie. Doch bis dahin umsorgte und erfreute sie Mama mit Kräutertees, kostbaren Hand- und Körperlotionen, Vitaminen und Aufbaupräparaten, schönen Kleidern, Schals und Mänteln, um es ihr warm und kuschelig zu machen, und mit unzähligen Umarmungen und Küssen.

Auch Maureen kümmerte sich liebevoll um Mama. Sie erzählte ihr, wenn sie von der Arbeit kam, von dem, was sie tagsüber erlebt hatte, berichtete von all den Leuten, denen sie begegnet war und gab immer wieder lustige Begebenheiten zum Besten. Sie erinnerten sich gemeinsam an wundervolle Urlaube, darunter eine Reise in die Tschechoslowakei. Diese Reise war für Mama die Erfüllung eines lebenslangen Traums gewesen, und sie sprach oft davon, wie sehr sie diesen Urlaub mit Maureen genossen hatte. Maureen blieb jeden Abend so lange wach, bis Mama zum letzten Mal die Toilette besucht hatte, und blieb die ganze Nacht über in Alarmbereitschaft, damit Mama sicher und geborgen war. Maureen liebte ihre Mutter, wie es nur ein erstgeborenes Kind tun kann, und Mama wusste das sehr zu schätzen.

Mittlerweile war Mama einundneunzig geworden. Sie war müde und wollte nun ganz zur Ruhe kommen. Also zog sie für ihr letztes Lebensjahr auf dieser Erde zu mir und meiner Familie. Sie und ich hatten stets eher eine Schwestern-Beziehung als eine Mutter-Tochter-Beziehung gehabt – Gott allein weiß, warum. Wir hatten uns oft intensiv ausgetauscht und gegenseitig beraten, wie man es sonst mit einer sehr guten Freundin macht, und das bereits seit meiner Jugendzeit. Unsere Beziehung war von einem unerschütterlichen, gegenseitigen Vertrauen geprägt. Oft hatte sie gesagt: „Wenn meine Zeit gekommen ist, dann ziehe ich zu dir, einverstanden?" Und so kam es, dass sie ihr letztes Lebensjahr bei uns verbrachte. Sie fühlte sich geborgen, dachte viel über das Leben Jesu nach, hörte ständig klassische Musik, saß auf der Veranda und schaute über den See und wurde oft von ihren Kindern, Enkeln und vielen, vielen Freunden besucht.

Eines Tages fragte ich sie aus heiterem Himmel, ob sie mit einem einzigen Wort ihr Leben beschreiben könnte, und sie erwiderte ohne zu zögern: „Fantastisch." Sie hatte den guten Kampf gekämpft und war durch Gottes Gnade gewachsen, und nun konnte sie ihr Leben als „fantastisch" bezeichnen. Oft saß sie einfach nur still da, lächelte und sagte: „Es ist so friedlich hier, Schatz. Ich bin so dankbar und so glücklich, dass ich hier bei dir sein kann. Ich liebe dich sehr, weißt du." Das waren Momente von unschätzbarem, durch nichts zu ersetzenden Wert.

Ihr Geburtstag im September wurde nur im engsten Familienkreis gefeiert. Sie hatte nie gern im Mittelpunkt der Aufmerksamkeit gestanden, und das blieb so bis zum Schluss. Die Ferien kamen und vergingen schnell, und

Tag für Tag freute sie sich mehr darauf, in den Himmel zu gehen, um ihren geliebten John wiederzusehen. „Haben wir über alles Notwendige gesprochen?", fragte sie eines Nachmittags. „Ist mit meinem Haus alles geregelt und ist für die Mädchen alles in Ordnung?" Meine Mutter hatte am Weihnachtsmorgen immer die gleiche Anzahl Geschenke für jede ihrer Töchter vorbereitet und hatte immer darauf geachtet, dass wir vier Mädchen gleich behandelt wurden. Auch jetzt war es ihr wichtig, dass alles perfekt für ihre Töchter geregelt war.

Der Frühling kam und brachte warme, sonnige Tage, die Mama mit viel Ruhe und Schlaf, ihrer klassischen Musik und beständigem Gebet verbrachte. Sie liebte Limonade, Rührei und Schinken – und Hühnersuppe, wobei sie mir eines Tages versicherte, ihr würden bald Federn wachsen, wenn sie noch mehr davon essen würde. Freundinnen kamen vorbei und frisierten ihre Haare, hörten mit ihr gemeinsam Musik, betrachteten mit ihr alte Fotos und hörten ihren Geschichten zu.

Oft sprach Mama über ihren Vater und wie gut er zu ihr gewesen war. Sie freute sich darauf, ihn bald wiederzusehen. Er war gestorben, als sie fünfundzwanzig war, doch ihre Erinnerung an ihn war noch sehr lebendig. Eines Tages sagte sie lächelnd: „Jemand ruft immer ‚Margaret, Margaret'. Ich glaube, das ist Papa oder vielleicht Tante Margaret. Ich denke, sie wollen mich sehen." Sie sagte es auf ganz natürliche Weise, so wie es oft geschieht, wenn jemand kurz davor steht, in die Ewigkeit zu gehen. Sie sprach viel über ihre Mutter, die sie ihr Leben lang vermisst hatte, und von Zeit zu Zeit hörte ich sie leise „Mama, Mama" rufen. Sie fragte sich, ob sie sie wohl wiedererkennen würde, da sie erst zwei Jahre alt gewesen war, als ihre Mutter starb. Ich versicherte ihr, Gott würde dafür sorgen, dass sie ihre Mutter sofort erkennt, und ich glaube, dass sie genau das an einem besonderen Tag vor ihrem Tod erfuhr.

Im April veränderte sich Mamas Zustand rapide. Sie wurde Tag für Tag schwächer und fragte immer häufiger, wann Gott sie wohl in den Himmel holen würde. „Ich möchte den Bräutigam sehen", sagte sie. „Ich möchte einfach nur zu den Füßen des Herrn sitzen und bei ihm sein. Ich wünsche mir nichts mehr hier auf der Erde. Wo ist die Tür zum Himmel? Kann ich jetzt hindurchgehen?"

„Nein, Mama, dein Engel wird kommen, um dich zu holen und in den Himmel zu bringen, wenn der Zeitpunkt gekommen ist", sagte ich.

Sie war zufrieden mit dieser Aussicht und lächelnd sagte sie: „Dein Vater wäre stolz auf dich, mein Schatz."

Eines der schönsten Erlebnisse während dieser Zeit war der Besuch von George Joseph, dem sie voll und ganz vertraute. Er las ihr aus einem Gebetsbuch aus seiner Kindheit die einfachen, vertrauten Gebete vor, die sie so gut kannte. Sie freute sich unbändig darüber. Er gab ihr die väterliche Erlaubnis „weiterzugehen", wann immer sie sich dazu bereit fühlte, und für sie war es, als ob ihr eigener Vater sie aufgefordert hätte, zu ihm zu kommen. Gott hatte ihr in seiner Güte den Menschen geschickt, der so viel Autorität hatte, damit diese wichtigen Worte ihre Seele berühren konnten.

Der Sommer zog ins Land, Anne und Maggie kamen oft vorbei, um sich um Mama zu kümmern. Auch Maureen besuchte uns oft an ihren freien Tagen und rief jeden Abend an. Ich arbeitete nun meistens vormittags zu Hause und am Nachmittag, wenn ich fort war, kümmerte sich eine Freundin um Mama, wenn Anne oder Maggie gerade nicht da waren. George half ihr täglich beim Aufstehen, setzte sie in den Lehnstuhl, ging mit ihr zur Toilette, brachte ihr Getränke und sorgte dafür, dass sie es bequem hatte. Da er sein Büro im Haus hatte, war er die meiste Zeit verfügbar, und ich erinnere mich gern an all die kleinen Dinge, die er für sie tat. Eines Tages, als er sie ins Bett brachte, sagte sie: „George, bitte bring mich jetzt zu John." Für sie war er derjenige, der die Verantwortung für alles trug und alles arrangieren konnte, und ihre herzzerreißende Bitte wurde von ihm mit einem stillen Lächeln beantwortet. „Ich habe gehört, was du gesagt hast, und du wirst deinen geliebten John bald sehen."

Die vertrauten Gespräche, die sie ihr Leben lang mit Jesus geführt hatte, füllten auch ihre letzten Wochen. „Jesus, komm und hol mich zu dir in den Himmel", betete sie oft. „Ich habe kein Verlangen mehr nach diesem Leben. Ich möchte dir mein Herz geben. Sei meine Stärke. Ich liebe dich. Ich kann es allein nicht schaffen." Für Mama waren solche Gespräche mit Jesus völlig natürlich. Er war ihr Retter, ihr Helfer, ihr Herr, ihr Bruder und Freund gewesen und blieb es bis zum Schluss. Ihre Gespräche mit ihm berührten mich sehr und verdeutlichten mir sehr plastisch, dass Gott unter uns war.

„Wer ist der Mann dort in der Ecke, der mich anschaut?", fragte sie eines Tages, als ich bei ihr am Bett saß. „Er ist ganz in Weiß gekleidet und er sieht mich an." Menschen am Lebensende sprechen sehr oft von Engeln, die immer ungefähr 2,40 Meter groß sind, in männlicher Gestalt erscheinen und von weißen Kleidern umhüllt sind, sodass sie wie helles Licht strahlen. „Glaubst du, dies ist dein Engel?“, fragte ich. Sie nickte. „Es sähe dir ähnlich, einen alten Engel zu haben“, sagte ich, worauf sie lächelnd erwiderte: „Du bist wirklich mein Schatz, ich bin so froh, dass ich dich hatte.“ Ihre Stimme und ihre wunderschönen, himmelblauen Augen drückten dabei eine Liebe aus, die nicht mit Worten zu beschreiben ist.

Die Hospiz-Pflege bedeutete Mama sehr viel und half uns, sie in dieser letzten Phase ihres langen, erfüllten Lebens optimal zu begleiten. Nancy, Barbara und Dianne waren Mamas Hospiz-„Engel“ und kümmerten sich auf einzigartige Weise um sie. „Das Leben liegt mir wie eine Last auf der Brust, ich kann einfach nicht mehr, bitte hilf mir“, sagte sie eines Tages. „Kannst du mich erlösen und mich gehen lassen?“

Mama näherte sich nun unaufhaltsam ihrem Ende und die Tage waren damit angefüllt, sie zu baden und zu wenden, sie in einem möglichst schmerzfreien Zustand zu halten, ihr kühle Waschlappen auf Stirn und Lippen zu legen, und nachts schliefen wir gemeinsam aneinandergekuschelt. Ihre Augen blieben die meiste Zeit über geöffnet, und ihr Blick schien friedlich durch ihr Zimmer zu wandern. Maureen kam an Mamas letztem Tag zu Besuch. Sie ermunterte Mama, loszulassen und zu Gott in den Himmel zu gehen. Für Mama war es sehr wichtig, dass ihre älteste Tochter sicher und geborgen in ihrer eigenen Wohnung lebte und ganz in der Nähe ihrer Schwestern war.

Wenn wir sterben, löst sich unser Körper von unserer Seele, und diesen Lösungsprozess erklären Sterbende oft ganz präzise, wenn man ihnen nur aufmerksam zuhört. Sie reden von Engeln oder zuvor verstorbenen geliebten Menschen oder wunderschönen Engelschören. Es scheint so, als ob sie zwischen Erde und Himmel hin- und herreisten; manchmal sagen sie flüsternd: „Ich bin in einem Warteraum. Es ist sehr schön hier. Ich bin nicht mehr bei Ihnen, aber ich bin auch noch nicht im Himmel." Wenn man ihnen dann sagt, dass das, was sie erleben, normal und natürlich ist, so können sie den letzten Schritt in die Ewigkeit furchtlos und friedlich vollziehen.

So war es auch bei Mama. Sie hatte ihr Leben lang in tiefer Liebe und Hingabe an Jesus gelebt, und so stellte ich eine Christusstatue auf ihren Nachttisch und sprach ihr die Gebete vor, die sie am meisten liebte. Stunde für Stunde wendete ich sie in ihrem Bett, und die Statue stellte ich jeweils auf die Seite des Bettes, die für sie sichtbar war. An ihrem letzten Tag hielt sie unablässig die Augen geöffnet, und ich ermutigte sie, ihren müden Kopf an sein Herz zu lehnen und sich von ihm umfangen zu lassen. Ich versicherte ihr, dass sie bei ihm Trost und Sicherheit finden und bald bei ihm im Himmel sein würde. Es wurde spät, und Lenora und Joe, die den Abend mit uns verbracht hatten, machten sich zum Aufbruch bereit. Lenora glitt leise in Mamas Zimmer und küsste sie zärtlich. Mama liebte Lenora sehr, und sie war die Letzte, die Mama zum Abschied geküsst hat.

Ich wusste, dass Mama uns nun sehr bald verlassen würde, also legte ich mich zu ihr ins Bett, schlang die Arme um sie und hielt sie ganz fest. „Du wirst jetzt in den Himmel gehen", sagte ich, „und bis du dort ankommst, werde ich bei dir bleiben, so wie ich es dir immer versprochen habe. Papa wird der Erste sein, der dich dort begrüßen wird. Er wird einen Baseballschläger in der Hand halten und alle aus dem Weg scheuchen; du weißt ja, dass er niemanden näher an dich heranlassen wollte als sich selbst." Sie lag ganz still da, lächelte, schloss die Augen und starb. Wir lagen noch eine lange Weile so dicht umschlungen auf dem Bett. Mama war nun geborgen in den Armen Gottes, dem sie ihr Leben lang vertraut und den sie geliebt hatte. Ich werde für immer dafür dankbar sein, dass Gott es mir ermöglicht hat, ihr bis zum Schluss so nah zu sein.

Mamas ganzes Leben war ein Zeugnis des Glaubens. Sie strahlte diesen Glauben nach außen und berührte ihre Umgebung damit. Ich habe nie jemanden gekannt, der Gott auf ähnlich intensive Weise geliebt hätte. Mama hatte sich in den schweren Jahren ihrer Kindheit und Jugend an ihn gelehnt, und sie hatte ihn in den Menschen erkannt, die er ihr auf ihren Lebensweg stellte. Trotz des schweren Verlustes, den sie durch den frühen Tod ihrer Mutter erlitten hatte, war sie in der Lage, anderen zu helfen und sie zu trösten. Sie ließ sich durch Gottes Gnade und durch die kraftvollen Gebete ihrer Eltern zu der Person gestalten, zu der Gott sie machen wollte. Mama war ein liebenswerter Mensch, und ich weiß, dass Papa glücklich ist, sie jetzt bei sich zu haben.

Nachtrag

Jeder Mensch stirbt.

Früher oder später geht jedes Leben zu Ende. Bevor wir selbst sterben, werden wir mit großer Wahrscheinlichkeit den Tod uns nahestehender Menschen erleben. Die Geschichten und Erfahrungen, die Menschen in der Endphase ihres Lebens mit uns teilen, helfen uns auf unschätzbare Weise, diesen Vorgang zu verstehen. Wenn wir Sterbenden aufmerksam zuhören, dann tritt der geistliche Aspekt des Sterbens, die Reise der Seele zu ihrem Schöpfer, in den Mittelpunkt. Gottes Hand ist dabei ganz deutlich zu erkennen, unabhängig davon, wie der betreffende Mensch beziehungsweise seine Angehörigen ihren Glauben gelebt haben. Gott bietet denen, deren irdisches Leben sich dem Ende zuneigt, Sinn, Hoffnung, Trost und Verständnis. Am Ende ihres Lebens erklären viele Menschen, es gehe letztlich um „Liebe" – nicht um mehr oder weniger. Sie sind sich einer allliebenden Gegenwart bewusst, die es ihnen ermöglicht, auf ihr Leben zurückzublicken, wobei sie deutlich die Möglichkeiten sehen, die sich ihnen geboten haben, und auch die Entscheidungen, die sie getroffen haben.

Diese Phase des Rückblicks auf ihr Leben scheint nie von Furcht oder Scham geprägt zu sein, sondern eher eine Möglichkeit zu sein, die Dinge aus Gottes Sicht zu sehen und zu begreifen. Im Prozess des Sterbens scheinen die Menschen die endgültige Heilung der bedingungslosen Liebe Gottes zu erleben.

Doch wie bei allen Erfahrungen des Lebens gibt es auch hier zwei Seiten. Wenn Gott einen Menschen darauf vorbereitet, zu ihm zu kommen, dann bringt er denen, die sich um die sterbende Person kümmern, häufig die Lektionen bei, die sie am dringendsten brauchen. Gott bringt uns allen etwas anderes bei, wenn wir uns um einen Angehörigen oder einen Freund kümmern, der im Sterben liegt. Viele Menschen haben mir schon erzählt, sie wüssten sehr genau, dass diese Lektionen von Gott kamen, weil sie sich nie freiwillig damit beschäftigt hätten.

Häufig werde ich gefragt: „Was ist das Wichtigste, das Sie in den zweiunddreißig Jahren gelernt haben, in denen Sie Freunde, Angehörige und andere Patienten bis zum Tod gepflegt und begleitet haben?“ Meine Antwort lautet ohne zu zögern: Ich habe gelernt, dass Gott jeden Menschen, den er geschaffen hat, liebt – mit allen Fehlern, Nachteilen und Mängeln. Es ist sein Wille, dass niemand verloren geht. Das Ausmaß seines Wirkens, um dieses Ziel zu erreichen, ist Ehrfurcht einflößend. Es ist in allen Erfahrungen spürbar, die Gott seinen Kindern in ihrer Vorbereitungszeit auf den Himmel ermöglicht.

Das Sterben ist ein natürlicher Teil des Lebens. Es ist nicht das Ende, sondern ein Beginn – eine Überleitung in das Leben, das Gott allen seinen Kindern versprochen hat. Er möchte uns bei sich haben, wenn wir die Arbeit erledigt haben, die er für uns vorgesehen hatte. Er liebt uns – glauben Sie mir!